紅沙龍

Try not to become a man of success but rather to become a man of value.
~Albert Einstein (1879 - 1955)

毋須做成功之士，寧做有價值的人。—— 科學家　亞伯・愛因斯坦

ANDRÉ
KOSTOLANY
安德烈・科斯托蘭尼 著
林瓊娟 譯

vol. 3

一個投機者的告白之
證券心理學

|新修典藏版|

KOSTOLANYS BÖRSENPSYCHOLOGIE

VORLESUNGEN AM KAFFEEHAUSTISCH

目次

前言　心靈與經濟的滿足

一九六五年間，我偶然拜讀了科斯托蘭尼發表的第一篇專欄文章，標題是〈一個投機者的告白〉。他在文中提到：「做財政部長，我不行。做銀行家，我不想。做投機家和股票族，這就是我。」

七十多年來，科斯托蘭尼一直在研究變幻莫測的股票市場，這是一個真實展現國民經濟的地方，其中還夾雜著憑空捏造的故事情節和半真半假的謠言。這些因恐懼和貪婪而起的事物，往往造成股市行情非理性的漲跌。

這些對科斯托蘭尼而言是值得鑽研的課題，也是他活躍的舞台。第一次世界大戰後，科斯托蘭尼從故鄉布達佩斯移居至巴黎，開始了這項終身事業。對科斯托蘭尼而言，這不僅是一份職業，更是他生活經歷的累積。科斯托蘭尼說：「股市像一座熱帶叢林。」而他在其中所繳交的學費足以在哈佛念好幾個學期，但相對地收穫也高出好幾倍。

科斯托蘭尼不像其他股市經紀人，先學理論再用別人錢財來驗證理論、增加經歷。相反地，科斯托蘭尼用自己的錢實際操作股票，最後歸納出股市定理。他在第一次操作股票的經驗中就已學習到：在股票市場裡，什麼事都有可能——即使是不合邏輯的事。

科斯托蘭尼認為光是取得所有股票數據是不夠的，想像力才是投機操作的原動力，也是成功的先決條件。因此，科斯托蘭尼非常鄙視完全不具想像力的投資分析系統和股市諮詢電腦。股市的漲跌起伏經常是波濤洶湧，同時也充滿人性的味道，應該說太過人性了，而這正是本書要討論的主題。

科斯托蘭尼抱怨，一向被視為浪漫主義者、哲學家或是音樂家的德國老百姓，在處理金錢時，根本不浪漫，也沒有表現出哲學家的氣質，更不用說發揮想像力了。我問他，是否想過在公開場合發表操盤經驗，幫助德國人減少在股市中的損失。也就是從這一刻起至今，我們開始合作經營事業——包括財務諮詢及股市投資研習會。股市投資研習會的回響超乎我們的預期，有愈來愈多人蜂擁而至，尤其是年輕人。

本書是成功的股市操盤手及投資人必備的參考書，內容不但揭露股票市場中的機密，更培養讀者獨立思考及獨立操作股票的能力。本書不像是課堂上的教科書，反而像是一本出自科斯托蘭尼之手的小說，科斯托蘭尼自己也說：「我不是在授課，我只是對學生說故事罷了。」

哥德佛利・黑勒（Gottfried Heller）

（編按：本文作者為安德烈・科斯托蘭尼二十年的合作夥伴）

故事之前的故事

科斯托蘭尼的旅程

一九〇六年，被朋友暱稱為「科斯托」的安德烈．科斯托蘭尼出生於布達佩斯，猶太人，父親是殷實的酒商、議員，有三個姐姐、兩個哥哥，自認為是不甚起眼的老么。

科斯托的父親活躍、大方，經常掛在嘴邊的名言是：「浪費總比把錢送給醫生好！」科斯托生平第一次挨打，就被這樣的父親刷了一耳光。年幼的科斯托隨家人出外野餐，向保母討水喝，只講了一個字：「水」。父親打了他，因為他忘了說「請」字。

一九一四年七月二十八日，奧匈帝國王儲遭刺殺，引發第一次世界大戰，科斯托當時因病臥床休養，聽母親講床邊故事，對家人的恐慌記憶深刻。匈牙利政府為鼓舞士氣，推動「以金換鐵」的活動，鼓勵民眾幫助國家增加黃金儲備。學經濟的哥哥為科斯托解釋為何需要黃金，有了黃金可以換外匯，換美元，有了美元可以換原物料、武器，逼不得已還可以移居中立安全的美國。這一年科斯托八歲，已然明白美元的價值。七十三年後的一九八七年，他以《美元有何作用？》為名，寫下暢銷書。

十三歲，科斯托隨家人移居維也納，在家庭和外在環境耳濡目染下，深深著迷於歐洲多種貨幣的各種變化，進而利用不同貨幣價差投資獲利，自此上癮八十年沒有停歇，第一次外匯投資的利潤是一〇％。經由學校、女家庭教師和廣播，科斯托學會純正的德、法、英語，修習哲學和藝術史，立志要當散文作家，另一方面則沉迷音樂，第一次聽歌劇與做外匯投資恰巧同步，會演奏數種樂器，與多位著名音樂家維持終生交誼，因為藝術家們相當熱中於金錢遊戲。直至暮年，科斯托依然無法忘情地宣稱：「音樂如宗教一般撼動我的靈魂。」

人算不如天算，科斯托的文學夢、音樂情在十八歲被「摧毀」。父親把他送到巴黎老友處學習股票營生。世界花都無限迷人，科斯托說：「我在巴黎很快失去童貞，帶著朋友逛妓院，但我只是清白的領路人，因為家庭教育不容許我這樣做。」

巴黎時期是未來的證券教父、自傲的世界級投機者建立人生觀、金錢觀的關鍵時刻。科斯托擔任經紀人、交易員，也開始放空投機，立志成為百萬富翁。放空者是終生的悲觀主義者，科斯托蘭尼在這個階段闖下名聲，累積驚人財富，換算今日幣值，年收入逼近新台幣千萬元，但他表示這是九十三年人生中最晦暗的時期；「眾家稱好，獨我看衰」的精準判斷，使科斯托每戰皆捷，但擁有財富買不來快樂，因為「如果你所有的親友只要有杯咖啡就滿足了，而你獨自享有更奢侈的魚子醬或香檳酒，這樣並不能帶來幸福」。

二次世界大戰前，科斯托因為交遊廣闊、嗅覺敏銳，在希特勒逼近巴黎前變賣家產逃往美國，所有家眷也在陸續安排下逃過迫害，散居歐陸各地安度餘生。雖然遠離戰場，科斯托更加琢磨他備受稱譽的國際眼光，在充滿錢味的美國，進行所謂的「環球旅遊型」套利投資工作，利用不同價差、時間差、幣值差，在各種金融產品之間轉換買賣。經歷戰爭和半世紀金融危機，領悟政治和投機、投資永遠脫不了干係，放眼全球市場和標的物，成為大開大闔、以眼光和決斷為工具的大投機者，成敗、輸贏只是淬礪的結果，金錢，可以是一場遊戲。這個醒悟造就一個自我挑戰的「遊戲者」，而不是國際大炒手。

科斯托用一個故事解釋自己所擁有的判斷力。年輕時學開車，駕駛教練告訴他，再怎麼學，他一輩子也開不好車。科斯托非常驚訝地問：「為什麼？」教練說：「因為你的眼光總是在引擎蓋上，你要抬起頭，看著遠方三百公尺的地方。」經此點化，爾後他的開車技術判若兩人。同樣的道理，科斯托也奉勸所有經濟學家，抬起頭來看著遠方，不要只是喋喋不休爭論明年的經濟成長率是否相差一個百分點。但作為投機者，他認為國家經濟無所謂好壞，情勢好、情勢壞，投機者都要承擔一樣的風險。

五〇年代科斯托延宕已久的文學夢有了轉機，他開始創作，為報紙、雜誌供稿，闡述他最內行的國際政治、經濟情勢分析；六〇年代起針對證券、貨幣等各類金融議題出版書籍，《這就是股市》（*Si la bourse m'était contée*）一書被翻譯成七國語言，包括日文在內，還被改編成電影，自此躋身暢銷作家之列近三十年。他與德國經濟評論雜誌《資本》（*Capital*）結緣二十五年，二十五年中只有兩次缺稿；一次因為旅遊國外重感冒，另一次是科斯托蘭尼批評一位媒體人，編輯有所顧忌而抽稿。他在德國、奧地利多所大學擔任客座教授，成為青年導師，在咖啡館設立講座，不斷教導青年朋友：在股票市場上成功，不是靠計算，而是思想，用腦子思想。匈牙利創辦證券交易所時，科斯托榮膺榮譽主席。

集財富、名聲、優雅、溫情於一身，科斯托的評論老練火辣，市場派的歷練使他經常嘲諷科班出身的學界、業界人士。超過十年的經紀人資歷，科斯托的結論是：太平盛世，股票經紀人才有飯碗；好的經紀人要能喚起他人想賺錢的興致。還有：得到客戶不難，難的是留住客戶。他認為任何一個投資股票的人，一生之中遲早要當上一次投資專家，因為總會對一把的，要一直保持贏面其實難得多。

一九九四年，科斯托接受德國電視二台《世紀見證》節目專訪，被問及他到底算是哪個國家的人，向來幽默風趣的他給出這樣的答案：

出生匈牙利，住在法國，持美國護照，在德國工作；進一步而言，我以十個城市為家：紐約、倫敦、蘇黎世、維也納、威尼斯、日內瓦、蔚藍海岸（法國）、慕尼黑、巴黎。祈禱時，和仁慈的上帝講匈牙利語，與年輕同事和朋友講法語，和學生朋友講德語，跟銀行打交道，嗯，講英語。

一九九九年，人類史上豐華的二十世紀即將暫時寫下句點，見證百年金融發展、備受讀者喜愛的狂狷智者安德烈．科斯托蘭尼寫下人生的最後著作《一個投機者的告白》，為自己九十三年的人生驕傲地下了結語：「我是投機者，始終如一！」

科斯托是天主教徒，相信上帝，在他認為，他人生兩次大破產、一敗塗地，都經由上帝之手而挽回，一個真正的投機者就像不倒翁，受了任何挫折都要趕快站起來。他與《資本》雜誌約定，二〇〇〇年一月號要寫一篇專欄文章，科斯托說：「《資本》雜誌已經保證由我來寫，但誰又能為《資本》雜誌作保呢？」

《資本》雜誌沒有得到上帝的允諾，安德烈．科斯托蘭尼失約而去，病逝巴黎，留下財富給繼承者，留下典範給所有的讀者。

文學大家波赫士寫道：「人生，是一句引用句」。這就是科斯托蘭尼留下的引述材料，一個投機者的旅程。

（編按：本文取材自科斯托蘭尼十三本著作及中國海南出版社二〇〇一年出版《一個投機者的智慧》）

第1章　我的三個職業

我就快要八十五歲了，儘管我還有很多時間可以變老。但藉著這個機會，我想要回顧這大半輩子，究竟得到了什麼？我滿足嗎？是，也不是。

說不是，是因為時間過得太快。說是，是因為我只有一個願望：經濟與思想上的獨立。這個願望我已經達到了，「我不是任何人的主人，也不是任何人的僕人！」這就是我的成就。

我的雙親是富裕的中產階級，我的父親在布達佩斯是受敬重的企業家，我的母親愛好音樂，是一位真正的美學家，她的繪畫與寫作天分並沒有得到發揮，因為她把一生都奉獻給養育四個孩子。如同歌德所說：「從父親，我得到立身處世的軀體；從母親，我得到樂觀的性情與荒誕不經的興趣。」但是我們整個家產在二次世界大戰後全部付之一炬，幸虧父母供我受的教育，讓我可以照顧他們在瑞士像帝王般生活。

我在布達佩斯大學主修哲學跟藝術史，本來還想修音樂，但因為已經額滿而作罷。後來我空降到巴黎股市，並且留在那裡。接著我在財經世界的叢林裡努力學習，轉戰紐約、倫敦跟蘇黎世。今天我把十個城市當成自己的家，說四種語言：跟上帝用匈牙利文，交朋友用法文，與銀行家用英文，和學生，還有女士們用德文。

三十五歲就可以退休了

三十五歲時，我的第一個事業堪稱已經達成了，可以用投資所得退休養老去。在沒有任何挑戰跟煩憂的情況下，五十歲時我變得神經質，甚至被憂鬱症所困擾。在這樣的危機下，我開始了第二個事業：財經記者跟作家，這一切要歸功於一位心理學教授，那時我向在蘇黎世任教並執業的李歐普・斯容帝（Leopold Szondi，譯註：著名的遺傳性精神疾病分析專家）教授求教。他給我進行了到目前還是很實用的斯容帝測驗，我必須把四十八張照片依好感或反感分類出來。教授將那些照片重新混在一起，讓我反覆測驗了好幾次，然後他開始計算並分析，結束時他突然問我一個問題：「您家裡有誰是虐待狂？您不用震驚，我的意思是，有誰是精力充沛而且容易爆發的。」

我不假思索的回答：「當然是我父親了，他暴怒的時候是很嚇人的。我母親則是特別的溫柔。」

「您是遺傳到父親的天性，身體裡積壓了許多能量，它們想要出來卻找不到出口，您是否偶爾會暴躁不安？」

這點我必須承認。

「看吧，因為您是受過教育的，一旦要抵抗身體裡那股蠢蠢欲動的能量，就造成心理衝突。如果是原始人，我會建議您去砍柴，折彎鐵棍，敲碎石塊，如果年紀適合，我會建議您去學習外科，那樣就可以名正言順對別人動刀。但現在我只能建議您：寫些東西吧！有什麼是您特別感興趣的嗎？」

最令我感到興奮的就是音樂跟股市。

「那您就寫這些東西吧。」

我由衷地感謝並且答應他，一定會試試他的建議。我還記得，當時我覺得很丟臉，在經過這位世界聞名的教授諮詢幾小時後，他給我一張收費單，五十法郎。

因此我搖身一變，除了是股市專家（不需要花費多少精力），還是財經作家。雖然我也是頭號樂迷，可惜學藝不精，沒辦法當個專業的音樂人。我的第一本書《這就是股市》，是用法文寫的，且被譯成七種語言。過一陣子，我成了《資本》雜誌的專欄作者，從此就再也沒有沮喪的困擾。**伏爾泰（Voltaire）曾經說過：「描寫金錢是比賺錢簡單的。」但是對我來說，完全相反；我必須先會賺錢，才有辦法寫出來。**

現在《這就是股市》發行已經超過三十年了，除了有不少正面的評價，在蘇黎世的《世界週刊》（*Weltwoche*）還有過一則書評，標題是〈一個偽君子的告白〉（而不是〈一個投機者的告白〉）。很顯然大家把我跟費利克斯・克魯爾〔Felix Krull，譯註：是托瑪斯・曼（Thomas Mann）未完成的遺作《騙子費利克斯・克魯爾》的主人翁〕給搞混了。

我住在蘇黎世的大姐對這件事十分生氣，他的小弟竟然被稱作偽君子！朋友也建議我上法院為自己辯護，但是我一點也不這麼想。太好了！我這麼認為：大家一定比較喜歡看一個「偽君子」的告白，而不是隨便一個財經專家所寫的枯燥文章。《這就是股市》銷售相當成功。

有一本在維也納相當知名的經濟雜誌，在幾年前有很大一篇關於我的報導，而這個聲名狼藉的字眼又再次給用上了。他們訪問了幾位股市投資者對於我的看法。我的朋友、匈牙利的貴族葛拉夫・安柏若奇（Graf Ambrozy），退休前在維也納一家銀行擔任要職，現在從事蘭花育種，他發表了以下的聲明：「我認為我相當敬重的安德烈・科斯托蘭尼是一個偽君子。證據是：有一次我請他一起吃晚餐，最後讓他付咖啡錢。」

這當然是他不怎麼高明的玩笑，但是雜誌社還是很欣然地接受了他的說法。然後發生什麼事呢？因為這篇文章，我收到許多從維也納寄來的申請函，說要來上我的股市研究課程。我怎麼會是偽君子呢？否則大家怎麼都想來上我的課，這件事真的替我打了個實質的廣告。

十六年前，我跟我的朋友兼拍檔哥德佛利．黑勒一起設計一個股市研究課程，也開始了我的第三個事業「股市教授」。那時我在銀行跟大學裡已經是相當知名的客座講師，當然他們不會給我一個正式且常設的教職，所以我便開辦自己的研究課程，不是在大學裡，而是在咖啡屋的桌子旁，教授的便是關於股市的知識與股市預測。在這個屬於我的講台上，我實現自己的願望，也可以跟新的一代分享我的理論跟經驗。

股市教授

起先，一九七四年，從三十個參加者的講座開始，很快地，有超過三萬名的學生聽過我的課，裡面有口袋只剩幾毛錢的窮學生，也有剛好賣了公司不知道怎麼處理那筆錢的千萬富翁，有妓院的老闆，也有教會的管理人。有的甚至不只來一趟，我不得不懷疑是不是真的有「科斯托蘭尼迷」的存在，也有可能是某種「股票癮」吧。

這樣的日子我從來不會覺得無聊，我所分析的政治跟經濟基礎，正在逐漸改變，我的戲碼也不是只有那麼一丁點。有一次，我和阿福烈・畢雷克（Alfred Biolek，譯註：德國公共電視台的知名脫口秀主持人及節目製作人）在展覽會裡主持一個談話節目，**他在節目後用欽佩的語氣對我說：「每天晚上我都問您同樣的問題，但您的答案卻沒有一次相同。」**

對於股市，我是絕對沒有任何建議的，建議是銀行家跟經紀人的事，因為他們想要賣股票或收佣金，這點我一再強調。但是我深信，跟著我學習的「學生」，只要能夠思考、分析、堅持到底，而且不要猶豫，他們一定可以成功。這是我收到的一封感謝信裡的結論。

我也是個知名的「咖啡屋業餘人士」，無庸置疑的，咖啡屋是股市交易者理想的非正式聚集處。我在世界各地的咖啡屋裡都有固定的桌子：從巴黎、紐約、坎城到漢堡都有；在法蘭克福或杜塞道夫某大銀行的訪客休息室裡，在慕尼黑一家巴伐利亞旅館的地下室裡，我甚至有個「免費的」固定桌子。這要感謝我的老朋友兼學生彼得・里格

（Peter Rieger），他是個公務員，但閒暇時他都從事股市投資，具有相當的熱誠、理想跟原創性。

彼得自己也有學生，也都不是職業的股市專家，這並不是說他們花在股市投資上的時間比經紀人或交易商要少。相反地，我認識兩個瑞士的股市老手，其中一位的工作是驗光師，另一位在瑞士餐飲界服務；我要感謝他們曾提供我一些相當寶貴的意見，今天他們都是相當成功的財務顧問，並且擁有廣大的客戶群。如同愛因斯坦（Albert Einstein）所言：「想像力比知識還重要。」

在「免費的固定咖啡座」上，不管情勢是樂觀或悲觀，這個世界的命運總是被熱烈討論並評斷。記者對我花那麼多時間耗在咖啡屋裡感到十分困惑。我這麼回答他們：「我可以在任何地方從事我的專業工作，不只是在交易所或書桌上，我們隨時隨地都可以思考。」

有時候我會被貼上「股市大師」的標籤，這個稱呼我從來沒接受過，也從不需要。大師的意思，就跟教皇一樣，說一就是一，沒有爭議的餘地。儘管我們有如此豐富的經驗，還是難免犯錯，一個有七十年資歷的「股市教授」名銜，我尚可接受。

有個朋友曾開玩笑的說我是「股市的瑞尼克」。現在瑞奇－瑞尼克（Marcel Reich-

Rancki，譯註：德國文壇中極富影響力的文學評論家）也被當成（文學的）「教皇」了，我們倆都有「無須爭辯」的評價，我們都錯過了學術上的成就，也都被同業所敵視。但是瑞尼克還是影響了一個世代的文學評論，而我並不想知道有多少股市評論出版商或他們的眼線，曾經出現在我的課堂裡。也許這種比較是真的有道理？

我的猶太遺產

當我在演講中用到某些特定字眼時，像是「希特勒」、「猶太人」，特別是「奧斯威辛」，我就會感覺到房間裡有一股冷風吹來，就像是有個黑暗天使從房裡走過。我當場就會自忖我可能說了些什麼蠢話或違背了某些禁忌，而這些話是不能公開說出來的。

儘管有這些教人害怕的經驗，帶著愧疚與難以克服的歷史傷害，我必須在戰後的德國盡量少談論到這些反猶太主義的經驗。只有一次，發生了一件很糟糕的事情。那是在一場法蘭克福舉行的會議，當時討論的議題是國庫破產的利與弊，幾個在場的「先知」預言說，德國馬克馬上就會沒有價值了。我當場提出反對，德國的貨幣一向都只在吃了敗仗後才會貶值，像是第一次世界大戰，還有希特勒弄垮德國之後。晚上我回到旅館收到了一封信，信裡面寫到，我的頭皮應該被拿來當燈罩。

這當然是特例，通常我只會收到思想上的警告，是在背地裡偷偷說的，這些言論則是真實的。有一次在討論關於上帝跟金錢時，約翰尼斯侯爵跟他的鄰座悄悄地說：「看看這個聰明的老猶太會說些什麼。」這我倒覺得無所謂，從他身上我並沒有感受到反猶太的怨念，我反而聽到了恭維的意思。我有著不尋常的名字，大家一看就知道，我出生在一個舊的時代，在那年代，匈牙利聽起來就好像是從外太空來的，而我還背著這個殼在世界各地的股市四處闖蕩。「**從這個世界主義的老猶太身上，應該可以學到什麼東西吧。**」一些人可能喜歡這麼想。

雖是猶太人出身，但我卻是受洗過的天主教徒，我的雙親也以天主教的儀式埋葬在蘇黎世山上。我從來不覺得自己是個猶太人，一直到希特勒掌權，對他來說，我就是猶太人。當他在猶太人身上做了那麼多恐怖的事情，我心裡頭深深感到刺痛，就像每個猶太人所感受到的。

一九四〇年七月法國被占領後，我從巴黎經過西班牙流亡到美國。那時候有一些麻煩，分配給匈牙利的移民名額非常少，必須要等二十年才排得到。後來我拿到了一張簽證，證明我是受洗過的天主教徒。依據當時的匈牙利法令，我不算是猶太人，也不適用於當時的匈牙利猶太法令，我可以隨時回到匈牙利。一開始我的身分並沒有問題，直到後來德國占領匈牙利，並且實施了種族隔離政策，我才被視為猶太人。

對希特勒來說，詆毀猶太民族是一件很簡單的事，他把猶太人當成投機分子，而部分的猶太人的確也是。猶太人從事金錢交易是因為他們不准從事其他行業，也因此他們壟斷這個行業有好一陣子，子承父業，如此資產便一直延續下去。這在後來的反猶太宣傳也起了一定作用，很多猶太人因為某些出類拔萃的渴望，開創了一番大事業；不只是在財務金融上，還有在數學、物理以及音樂各種領域。其實金錢交易並非天生是猶太人的專業，中國人在這方面同樣精明，還有亞美尼亞人。在華爾街裡，我們可以看到來自各個國家和各個種族的優秀人才。

我希望用一個令人安慰的故事來結束這個嚴肅的主題，幾年前我再次到威尼斯，在穿過數不盡的小巷，跨過數不盡的小橋後，我來到一個封閉的廣場。突然，一個沒了牙齒的老婦人從一個地窖裡爬了出來，身上穿著破布衣，對我友善地打招呼：「夏羅姆（Schalom，希伯來文平安的意思）。」我站在一個猶太人居住區裡，這個廣場破舊而空空盪盪。

老婦人試著用義大利文跟我交談，帶我參觀這個猶太區。我們走過幾個破舊的小巷子，「這是舊的，這是新的猶太會堂，這是養老院，這是托兒所，這是猶太法典學校，」老婦人一個個說著。但是說真的，我對這些一點興趣也沒有，便隨口問起：「這個區裡住了多少人呢，在這個你們說的猶太區裡？」

「喔，先生，答案是這樣的，我們這裡只剩三百個人，以前這裡還有三萬個猶太人，範圍有好幾哩呢。這裡曾經擠滿了人，老的少的，商人和工匠。不過如今已經好景不再了。」我想著這應該是希特勒軍隊造成的不幸。「那他們都到哪兒去了？」我問她，對這恐怖的答案已經有了心理準備。

「唉！」老婦人憂鬱地嘆了一口氣說：「他們都走了，到很遠的地方去了，去聖馬可廣場，在大運河旁邊，他們都是生意人、銀行家、有錢人……」

衣櫥是我最好的投資

有一位記者曾經這麼寫著：「沒有人能像安德烈・科斯托蘭尼那樣，為股市做了這麼多，因為科斯托蘭尼『誘惑』了整個世代，讓他們埋頭在股市裡。」這真的是反對我的意思嗎？我想我可以接受。

我當然喜歡贊同和喝采，所以我才會寫書，還舉辦演講。令我感到愉悅的，並不是那十分之一的版稅，而是讀者們為了我的想法而樂意拿出十倍以上的金額去買書。事實不容懷疑，比起賺錢這件事，領取酬勞是更有樂趣的。成名的畫家也是一樣，賣畫的所得，對他們的成就是很重要的證明。一位很美麗的女性，總是會興高采烈地當模特兒來領取酬勞，這也是她為了證明她真的很美，而且是令人嚮往的。

跟年輕人的接觸，對我也是意義重大。當有學生邀請我發表演講時，一開始我都會感覺到他們對我懷著崇高的敬意，直到他們發現我只是個凡人，而且樂於跟他們聊上好幾個鐘頭。我自己剛開始接觸股市的時候，大部分都是靠口耳相傳學來的（而不是透過自己實際操作），那些股市老專家們，至少都年長我三、四十歲。今天我的學生比我年輕五、六十歲是常有的事。

我們有些談話內容完全跟金融無關，年輕人也想從我這裡學到一些東西，像是社交規矩跟禮節，談吐或打扮之類的。有幾個甚至還模仿我的穿著，雖然他們不一定也戴著領結，但至少風格上是跟我一樣的。我一直都是穿著打扮方面的專家，我最好的投資之一，在一次訪談裡我簡短地回答說：「就是我的衣櫥。」我年輕的時候就很重視這方面，也許是因為我對自己的外表有心結，我的長相一點也不重要，反正我從來就不是好看的帥哥。所以我盡可能地把自己打扮得體，當時的我也可以算得上是一個「紈袴子弟」吧。當我被問起穿著秘訣時，我總是回答：「穿著寧可保守一些，也不要太時髦。」如果人家沒有問起某某人的穿著如何，我就不會對人家的裝扮發表評論，我不想在這方面冒犯誰。

不一定要富有，但一定要獨立

經濟上的寬裕使我的思想得以獨立，在這種情況下遭人嫉妒，也是可以理解的，但是並不會困擾我；因為**我情願有幾千個人嫉妒我，也不希望有一個人同情我**。儘管如此，我還是有成百上千個朋友；最年輕的十五歲，最老的剛剛以一百零五歲高齡去世。職業有學生，有教授，有千萬富翁，社會階級上自皇族王子跟教會侯爵，下至街頭混混跟小偷。

我有什麼還沒經歷過？有哪裡還沒住過？沒投機過？有一陣子我有失眠的問題，老辦法，我就開始數數，但不是數羊，剛開始我算我的同學，然後算我住過的城市跟國家，我去過的歌劇院，我認識的女性。但是當我算到曾經跟我共事過的股市經紀人，還有我曾經待過的證券交易所，我開始有點恍惚，就在算到第五十個的時候，我相信，就是里斯本，我就已經睡著了。

年紀大給我帶來哪些缺點？哪些優點？年老所帶來的改變是心理上的看法，還有對時間的感覺。年輕的時候，我老覺得時間緊迫，想快點賺錢，覺得自己被投機的風險遊戲給深深吸引，腦筋總是快速地運轉。今天我則是用帶著哲學觀點的泰然來看待日常瑣事，我不知道，明天會是怎樣，但是我知道昨天是那樣，今天是這樣，如此也就夠了。現在我可以慢慢地想，想一整年的計畫，其實我也不知道明年我還在不在。現在時間過得飛快，不是在金錢遊戲上，這方面我很有耐心，而是不夠去做我有興趣的事情，我需要的是一天有四十八小時。

我已經沒辦法再學習新的東西了，但是我們老人在自己的框框裡卻是愈來愈活躍。每天我都在學習，每個日常小經驗、小事件，都會輸入到我的個人電腦裡（我的腦袋），吸收、衡量，把多餘的扔掉，然後只把重要的，根據以往的認識自動分類。

我必須持續保持注意力，才有辦法處理金融市場上數不清的問題，所以我特別專注於鍛鍊某個特長，很多心理學家認為這是很少見的，當我不需要用到腦袋時，我可以關掉，裡面是完全的「一片漆黑」。當我需要用來解決問題時，我可以把「燈光」打開，把情況看得清清楚楚，就像有探照燈照著。我的工作室凌亂得可以用狗窩來形容，但是我的腦子永遠是有條不紊的。

有一個二十五歲的小夥子有次帶著調皮跟不懷好意的態度問我，我是否願意和他交換身分？「當然可以，」我回答說：「但條件是我可以把我的經驗和體會放在箱子裡打包帶走！」他並不知道，老年人也有屬於自己的小樂趣。他也不知道，我們這些超過八十歲的老人家，在巴黎有一個特別禮物：「搭地下鐵時，可以在早上九點到下午五點間，用二等車廂的票坐頭等車廂。」人生八十五才開始，我說的沒錯吧？

第2章　日不落之國：證交所

當歐洲的證交所停止營業時，紐約證交所正要醒過來，幾個鐘頭後是芝加哥，然後是舊金山。當美國的黑夜來臨，華爾街也悄然入睡那一刻，世界另一端的東京證交所開始迎接每日湧進湧出的人潮。接著是香港、新加坡、雪梨、台灣，孟買。然後再由台拉維夫跟雅典來接班，接著是米蘭跟馬德里，同時還有法蘭克福、巴黎和倫敦。幾個鐘頭後又是華爾街上場，如此結束一個二十四小時的循環。

今天（一九九〇年）我要從最近誕生的布達佩斯證券交易所講起。為了這個新證交所的誕生，我用匈牙利文舉行了一場演講，因為我必須讓年輕的共產黨員了解到；證交所的存在對經濟發展是不可或缺的。

我不會誇張地說布達佩斯證交所是世界的金融中心，儘管這有幾分真實性。布達佩斯的證券跟穀物交易所位於同一棟具有藝術風格的建築物，在一九一四年以前是歐洲的重要指標。當時整個匈牙利都投入穀物投機中，主要是燕麥，燕麥對軍隊的重要性不亞於鴉片。一九四九年的時候，兩個交易所同時停業，我也在場經歷了最後一天。

從布達佩斯往西行

經過四十年冬眠之後，證券交易所於一九八八年再次以微型交易所的姿態出發。一九九〇年之後，逐漸蛻變為小型交易所，只有六十檔股票，四百種債券，三十五家合作銀行與經紀公司，全部圍坐在一張馬蹄鐵型的桌子旁，從早上十點到十二點，他們高喊著買進賣出。雖然只是個交易量微小的迷你股市，但仍是個股市。在這座城市裡，大學直到一九九〇年仍被稱為馬克思大學（Karl Marx University）。這是匈牙利微型或小型資本主義復興的一項偉大成就，人們殷切希望有朝一日小魚也能變成大魚……

多年前我到蘇聯考察，心想著要到著名的「已故」莫斯科與聖彼得堡證券交易所表示我的敬意，但在莫斯科，沒有人可以告訴我，哪裡能找到舊式交易所，多數人甚至一點概念也沒有。最後我遇到了一位老人家，他引我到那時已成為百貨公司的建築物。在列寧格勒，我從老舊的刺繡畫裡得知交易所的位置：就在聶瓦河邊，正對著極光號裝甲巡洋艦的停靠處，現在成了海軍博物館。我始終無法忘懷這兩幅記憶裡的畫面。

四年前，在一場大學的演講後，兩位從莫斯科來的教授上前對我說：「我們想邀請您到莫斯科大學做一場演講。」我當然很高興能夠在莫斯科與聖彼得堡這兩個老交易所重新開幕時共襄盛舉。

從布達佩斯，我們隨著太陽的方向往西而行。下一站是維也納，是一個可愛的小交易所，卻有著雄偉的傳統。儘管已今非昔比，仍在三、四年前破繭而出，成了成功的股市，創造為數不少的利潤，但交易量相對而言也是比較少的。儘管如此，維也納對自己的「表現」仍是相當自豪。

和維也納完全不同，蘇黎世證交所則是擁有大量的營業額，大量的喧譁，大量的投機客和來自世界各地的國際交易商。瑞士人認為沒必要跑到美國去交易，所以當歐洲人從前晚的華爾街行情看出一些端倪時，不用等到華爾街開盤，馬上就可以在蘇黎世交易所裡操控美國股票。

此時，米蘭的交易也生氣勃勃地展開，而且是一個屬於冒險者的遊樂場，在交易廳裡，婦女們一樣熱中於操盤。隔壁的威尼斯，是一個小型交易所，坐落於世界上最美的林蔭大道——運河大道上。在聖摩西（San Moisé）教堂旁，安葬著歷史上最偉大的投機家約翰・勞（John Law，編按：其生平參見《一個投機者的告白》第八章）的遺骨，他死時是個窮乞丐。每次經過威尼斯，我都會在他的墓前獻上一束鮮花。

然後是羅馬，根據梵蒂岡教廷的公告於一八二一年成立的證券交易所。

就南方代表而言，絕不能漏掉馬德里跟里斯本。馬德里有著最美麗的交易廳，跟特別優雅的經紀人。民眾可以免費參觀，但現在已經不大值得了。現在這裡是愈來愈安靜了，因為經紀人已逐漸透過電腦取代過去繁忙的作業。有趣的是，佛朗哥將軍的畫像還一直懸掛在交易所的一個會議廳裡。今日的西班牙證交所或許不是那麼重要，但是不難預見他們光明的前景。巴塞隆納證交所有一個好處，每個人只要繳五十比塞塔（譯註：西班牙貨幣）的費用，就可以進去交易。

黃金之街到拾荒者之街

里斯本一直都在，但是在史賓諾拉（Spinola）統治下一直呈假死狀態，不但所有企業國有化，甚至不准有股票保管箱。在一次親身拜訪裡我經歷到，一天中如何只完成三筆交易（公債），甚至比對面河邊跳蚤市場的交易還少。不久我便找到答案，我把連著證交所的三條街名念一遍：黃金之街、白銀之街、拾荒者之街。突然恍然大悟，人們是從前面兩條街走進交易所的，卻從後面那條街走出來……

現在隨著世界各股市的振興，還有葡萄牙加入歐盟，里斯本已經從假死狀態中漸漸醒過來了。我甚至已經對那邊的學生做了一場演講，向他們透露投機的秘密。

法蘭克福與德國其他證交所是站在同一條線上的。法蘭克福，曾經是羅斯柴爾德家族居住地，直至今日人們還常談起一件軼事，那位神奇的猶太拉比有一次被問到，接下來的幾年該怎麼操作股票時，他迅速但語帶雙關的回答：「買不買！」，沒有逗點，就連聰明人聽了也摸不著頭緒。（編按：猶太拉比的故事參見《一個投機者的告白》第十章）

杜塞道夫是股市的後起之秀，有著德國風格的嚴謹組織。柏林，曾經擁有大量的期貨、選擇權與所有交易（如同現在的法蘭克福），而今卻淪為法蘭克福與杜塞道夫的分公司。

慕尼黑交易所入口處的一塊青銅碑上刻著「投機買賣」，直截了當地告訴人們，裡頭正在進行些什麼，而前東德境內的第一個股市應該是萊比錫。

繼續往北走，會來到布魯塞爾跟阿姆斯特丹的證交所，以前這裡有最多的女性顧客，因此氣氛相當歇斯底里。這是荷蘭最早具備現代觀念的證交所，早在十七世紀時的運作方式，就已經如同今日電腦化的證交所了。

再往北一點是哥本哈根，坐落在一幢古老的王宮裡，是世界上最友善的證交所。每位來訪的外國交易員，都被熱誠接待並有機會享用各種美食。

奧斯陸，「每一位正直的人都可以進來」，一項條文如此說明著。我留下來只是為了看個明白，什麼樣的人才算正直。

斯德哥爾摩，最安靜的證交所，連一根針掉在地上都聽得見，帶著北方的冷漠。一九三二年我就拜訪過這個證交所，當時斯德哥爾摩已經成功以電子設備報價，所以在那裡聽不到「我要賣……我要買……」買進與賣出，數量與行情，只須按一個鈕，其他的就交給電腦去處理。

我怎麼可能忘了巴黎，這個我從小長大，最樂於接受新思想、最熱情的地方！幾年前這裡還有為數不少的民眾流連，大約在五千到一萬人之間，視當日的頭條新聞而定。可惜的是，今日的巴黎證券交易所顯得冷清了，大概還有幾百人會聚集在這裡，但也只是聊聊小道消息罷了。

倫敦，因為傳統與禮節之故，是最富貴族氣派與國際化的證交所。但是，太可怕了，不久前在雄偉美麗的交易廳裡，我數一數竟然不到二十個人，都是電腦！多虧了電腦，這些年輕的「金童」玩弄他們老闆的數十億資金。在一九八七年股災之後，他們當中有六萬人被炒魷魚，因為他們造成的損失實在難以估計。

從貴金屬到胡椒，這裡交易的原物料一樣活躍。還有一個非常特殊的市場：黃金與白銀交易。在羅斯柴爾德銀行的一間辦公室裡，每天早上十點半，五個「金銀經紀人」會在這裡開會，他們都是貴金屬市場舉足輕重的經紀人。他們聚在一起可不只是為了喝茶，而是為了確定黃金跟白銀的行情。儘管芝加哥已經成了這類交易的強勁對手，但這五個經紀人老早掌握了世界各地的訂單。不久之前，莫斯科也提出要求，想在會議上插一腳，因為長久以來莫斯科都扮演賣方的角色。經過幾分鐘，會議在沒有混亂與喧嚷的情況下結束，行情便透過電纜傳送到世界各角落，但可能在當地引起軒然大波。

三人成市

歐洲之後，我想先到幾個南美洲的股市晃晃。

布宜諾斯艾利斯像一個大型賭場，既嘈雜又野蠻，大家在這裡混水摸魚。阿根廷國內的政治事件強烈影響著股市，有時候對行情造成巨幅震盪。

利馬，一個最小的證券交易所，我有一次去拜訪時，裡面一共只有三個人：經理，負責主持交易；經紀人，負責報價；還有一個投資人，每當輸入價格時，他就負責搖搖頭。

卡拉卡斯，此地的證交所是在十九世紀一場樹蔭下的會議開始，時至今日，已搖身一變成為一棟相當現代化的摩天大樓。

里約熱內盧，曾經有過一段相當知名的黃金時期，甚至連里斯本也為之感染。參議員針對炒房投機立法，但房價也受飛速的通膨影響。

當其他南美人咬緊牙關，南美洲被混亂所籠罩時，蒙特維多的交易就特別活絡，尤其是外匯，然而當別處回歸平靜時，他們卻偏偏反其道而行。蒙特維多可以說是南美大陸的瑞士。

現在到華爾街啦，透過數不盡的書籍、文章與研究論文發表，所以我也就沒有太多新的東西可以說。美國的心臟是隨著華爾街的脈搏跳動的。但是一旁有細心的政府機關監視著，以保護那些時常被搶劫的百姓。可惜這對他們來說沒什麼用，因為集團的利益太強勢了，足以阻擾許多可取的重要措施。

美國投資者有先進的科技可供使用，行情報價的步調跟開盤同步，所以在太平洋這邊的經紀人，必須早上六點就到辦公室裡等待。那真是辛苦的工作呀！從印第安那州或新墨西哥州的小城裡，玩家可以同步參與紐約的交易，甚至比直接到場還來得好。交易量的多寡可以從報價節奏得知，當報價平緩，表示交易量不大。當報價速度突然加快，甚至無法跟上交易的速度，就表示華爾街出大事了。繁榮或恐慌，從報價聲裡可以聽得一清二楚。

芝加哥，穀物交易所的女王，「交易告示板」每天操控著人們的麵包價錢。而今天已不只如此，不但可以欣賞這些熙熙攘攘，芝加哥還是一個活用利率與貨幣的賭盤。投入一點點，就可以讓人賺或賠上百萬元。相對於這種反常的輪盤賭注，證券交易只不過是小小的三人牌戲。我常常寫文章反對這種情形，不過那也只是曠野裡微弱的聲音罷了！

兩個鐘頭後來到舊金山，在這裡人們拿新聞來做生意，利用的是紐約新聞截稿後的第一手消息。

現代日不落帝國

接著橫越太平洋，東京是世界上最活躍的證交所，也是日本人每日生活的焦點。他們有那麼多錢，卻不知從何用起，所以他們買世界上任何「金錢可以買得到的」東西。但當他們從世界各地買了那麼多東西後，為什麼不買自己的股票呢？整個城市都在談論股市，日本出版社賣得最好的是關於投機的書。連政府也在行情趨勢裡扮演重要的角色；只有在政府下令買或賣，交易行情才會穩住。日本人的思想行為是歐洲人完全無法理解的。

繼續來到香港，股市裡的巴別塔，從英文到中文，從法文到匈牙利文，從猶太文到俄文，在這裡可以聽得到每種語言；香港是上海的接班人，但是還有多久時間呢？

雪梨，有英國的傳統與美國的經濟理念，主要的演員都是歐洲人。他們是由匈牙利難民所組成的，因此這裡並不適合兒童或心臟病患者。這裡很容易就買到股票，但是通常也很難脫手。

約翰尼斯堡，反而是用英式風格建構的，參考電腦時代前的倫敦證券交易所。儘管政治十分複雜，卻是個嚴謹的市場，同時操控著龐大的金礦交易。

孟買，也是以英式風格主持股市，操著濃厚英國腔的帕西人是主角，他們的人數比歐洲人還多。買賣透過黑市進口的黃金。在這裡什麼都有人投機，棉花、黃麻，有時候甚至還有威士忌，沒錢的人在這裡碰運氣。

在往西的旅途上會經過台拉維夫，只是這裡的交易所十分難找。在以阿戰爭的數年間，股市的工作人員在空襲時逃到防空洞裡，在危險過後又跑回來，交易所繼續營業下去，好像什麼事情都沒發生過似的。

伊斯坦堡的股市是在博斯普魯斯海峽邊的一個魚子加工廠開始的，這裡各色人種都有，希臘人、敘利亞人、亞美尼亞人、猶太人，全世界的人都有了，就是沒有土耳其人。

現在，在二十四小時還沒跑完之前，我們來到了雅典，一個一九〇一年建立的現代證交所。在蘇格拉底之樹兩步之外，貨幣兌換商的後代子孫很早之前便身著外套、頭戴高帽聚集在此。

不論你在世界任何角落按下按鍵，五千公里外都可以感覺得到，這就是股市，全世界的股市全都連在一起，成為一個系統，且彼此依賴。如同查理五世的帝國，一個太陽永不西沉的帝國。

第3章 心理學造就九〇%行情

我的表哥，喬治・卡托那（George Katona）定居美國，曾在德國求學，是個經濟學教授。他的專攻科目是經濟心理學，著作有《大眾消費》、《心理經濟學》及《消費者和企業家行為》。至今，想進一步研究這個經濟範疇的學者，皆視其著作為最基本的必讀刊物。

大約三十年前，我的第一本書《這就是股市》出版後，收到喬治的一封信，信上說他已讀完全書，從中獲得許多樂趣，亦十分認同書中所闡述的觀點。但有一件事，他與我的看法不同。我認為股市中的群眾心理反應或單一投資人的心理反應，都是無法預估的。但他卻認為這是可以推測和評估的。他說：「今年夏天我會去巴黎跟你解釋我的想法。」但遺憾地，不久後他便辭世了，徒留一個問號在我心中。

事後我不斷思考推敲，到底是什麼緣由使他確信群眾心理是可以預測的。這對每一個投機者來說，都是個舉足輕重的問題，經過深思熟慮之後，我得到如此想法：個人及大眾的深層心理動機和反應各有不同，的確是難以預料。不過，個人心理的總和，也就是大眾心理反應的強弱程度，還有約略的時機，經驗老到的股票族有時還是預料得到，不，不該說是「預料」，應該是猜想或猜測。

股市術語

我要強調，我絕對沒有高估心理在股票操作中所扮演的角色。股市中，短期的漲跌有九〇％受心理因素的影響。股市心理學是一門極具敏銳觸感的學問，幾乎稱得上是一種藝術了。股市中最常用到的話有：或許、希望、可能、有這種可能、雖說、雖然如此、然而、我覺得、我在想、可是、似乎、這在我看來……所有這些想的、說的，都語帶保留，最後發展的結果也可能完全不同。

不論在世界上的哪一個股票市場中，最不好的股票就是所謂的「概念股」，因為概念股的股價完全不隨趨勢走動，全球各地股市皆然。這種股票高低震盪，表現的只不過是十萬名歇斯底里的股票專家或所謂半弔子行家的反應罷了，而這些人的想法往往說變就

變。

很多人喜歡說，完全無法看透現今的股市。我要說，股市要是能被看透，就不叫股市了。股票玩家是在一池渾水中摸魚，邊摸邊胡說八道，池水就這樣被他們自己搞得更混濁了。媒體則繼續散播這種「股市智慧」，這麼一來，報導及評論給的消息完全是一團混亂。往往是股價變動之後，他們才急忙找出個中因素，再放個馬後砲。

今日有人說，股市行情會下跌，是因為失業率下降，失業率下降造成通貨膨脹，導致升息。過幾天，大家反過來又擔心失業率攀升會成為經濟衰退的徵候。出現較低的貿易逆差，同樣的消息，可以一下把它解釋為利多，一下又將其視為利空，因為出口量過大會造成通貨膨脹。某一天，大家把美元走強視為好事，因為美國聯準會就不必升息了，這麼說或許也不無道理；過兩天，大家又把美元走強說成是負面因素，然後是這樣，然後是那樣……要是專家心情不爽，再怎麼樣也沒用。

我不得不承認，往往連我也猜不透，大眾對某個事件、對一則金融消息，抑或是對一道傳聞，到底會有正面還是負面的反應。因為一條新聞對經濟的進展會有何種影響、對自己的投資是好是壞、對股市整體是利是弊，基本上投資人本身都一無所知。股市往往像個酒鬼般，聽到好消息哭，聽到壞消息笑。為了說清楚講明白，我要引用一段外匯投機的例子。

七〇年代，美元便承受這樣的心理情結，當時阿拉伯國家共同成立一個油國組織。這個石油辛迪加（Syndikate，壟斷團體）成立後原油價格持續攀升。每當價格調漲時，美元的投機者便急呼：「如此一來，將造成通貨膨脹，對美元行情亦十分不利。」這樣的呼聲代表投資人看空美元，因此，美元價格也就應聲倒地。

就在此時，我在《資本》雜誌的專欄如此寫道：「這樣的市場反應真是荒謬。」原油價格上漲，表示油價的相對價格提高。一些工業大國如日本、法國或是德國對美元的需求便會增加。美元需求大增應視為利多行情，可是投資人卻反其道而行，一再看空美元。

快樂，但不幸福

幾年後，到了八〇年代，美元再創歷史新低價位，這時有人對這樣的情勢給予完全相反的說法，他們說一方面是全球石油消費下降，另一方面是原油價格下跌。這一次的解讀總算和後來的實際發展相符，美元後來因工業國家對美元需求減少而隨之貶值。

在七〇年代，每次「石油危機」一出現都會帶來這樣的預測：石油價格上漲，代表出產石油的阿拉伯國家手頭上會有較多美元以供花用，他們可以用美元跟工業國家換購貨品，如此一來，石油危機便有助於經濟蓬勃發展。但在此同時也有不同的聲音：原油及燃料費用大幅提高會導致其他消費支出緊縮，這意味著石油危機將嚴重危害到經濟發展。

總而言之，行情發展的解讀總是事後才出現，總是在股市及外匯行情上下波動之後，才有數不清的投機客、投資顧問和行情分析師，用完全相反的理由來解釋行情發展，也就是「行情造就報導，而非報導造就行情」。

媒體的報導對行情發展並無決定性的影響，然而股票投資人卻毫無緣由地對行情抱悲觀態度。這種情形就像我的老朋友綠先生一樣，綠先生是移居美國的維也納人，有一次他的同事問他：「你在美國快樂嗎？」他抑鬱地回答：「雖然快樂，但並不幸福。」**悲觀的根本緣由其實在股票玩家的本身性格。他們不太用腦袋思考，也很少在意股市重大事件所代表的真正含義。他們只想以買賣操作來踏出有利的一步，並在賭局中生存下來。**天哪！這些人真是完全受衝動的驅使。

若愈多人在股市發生重大事件時，不分青紅皂白地亂軋一腳，股市就愈容易陷入不穩定的氣氛中。這時，主觀因素就顯得非常重要。例如：投資者採取什麼樣的行動？他們是否將所有錢投入股市？還是他們投資的金額比手頭上擁有的錢少？

情勢經常是這樣：股市上漲時，成交量也很高。分析師說，如此情況下，股市表現平穩，因為高成交量表示投資大眾對股市保持高度關注。在我看來，這樣的說法簡直大錯特錯。因為在行情上漲時，股價愈高，就會有愈多股票由「強者」轉至「弱者」，也就是由固執的人手中轉換到猶豫的人手中。一旦所有股票為意志薄弱之人持有，經濟危機肯定不遠了。

思考、邏輯、精準

有些人可能察覺到，我在這裡以「股市心理及經濟心理學家」的姿態出現，是多麼狂妄的一件事。因為我不僅沒學過經濟學，也沒學過心理學。憑著多年來在股市叢林中繳交學費換來的股票操作經驗，我即使沒學過心理學，但有很深的體會。幸運的是，我在客觀分析時，總能完全保持中立的態度。

非但如此，我還非常重視三個要訣：思考、邏輯、精準。當我在勾勒一個投機計畫時，我不喜歡思考過程中有錯誤，就像音樂演奏時，不喜歡有任何一個曲調走音。

但是並非每個人都和我一樣如此欣賞思考工作。不久前，在達姆施塔特（Darmstadt）的技術學院，我對著上千名學生發表演說。在舉手發問時間將要結束之前，一名學生提出有趣又犀利的問題：「如果必須反覆思考這麼多問題，那到底還值不值得加入股票一族？」他大概認為只要定期閱讀股市行情相關簡報，就能成為傑出的投機者。

學者們常常暗自嘲笑我的看法和論點，但還是會仔細傾聽我的演說，更不用說成千上萬參加研討會的支持者，或是聽過我演講的、數不清的學生了。學者們也許把我當成未受專業訓練的蹩腳江湖郎中。到了我這樣的年紀，這樣的侮蔑算什麼？就算當個江湖老郎中也無所謂。因為**我寧願是個未受專業訓練的投機者，是一個上了七十歲還在七十個證券交易所隨處參觀的駝背股票族，也不願是個訓練有素，卻不曾在證券交易所待上二十四小時的經濟學家**。

康斯坦茲大學（Universität Konstanz）的一位經濟學教授曾當著學生的面，罵我是江湖騙子。我向他下了戰帖，要和他公開辯論一個主題，看看誰比較懂經濟和金融，但迄今他仍未對我的挑戰做出回應。

因此，我現在仍向讀者闡述累積而成的豐富經歷，和集合人類心理以及群眾心理所歸納成的結論。過程氣氛輕鬆活潑，像是一場在咖啡廳舉辦的講座，而非枯燥迂腐的大學講課。來自於我個人經歷的生活小故事及回憶中的投機者、股票玩家、狡猾的老狐狸，全都與股市有著密不可分的關係，同時也是我生命經驗的一部分。這些讓我能看穿股市中所玩的心理戰。我敢說在一百次心理戰中，至少有五十一次，我能夠站在勝利的一方。

第4章 股市和迷信

許多股市玩家（也包含一些投機者）有迷信和拜物的傾向，這種傾向可能導致某種程度的危險；不過當某一特定股票在短時間內成為指標股時，就成了無傷大雅的例外。投機者幾乎都是迷信的，因為他通常會秉持一個從各方面來看都合乎邏輯，而且是以確切論證為基礎的論點。他想，結果是可以預料到的，不過，當事實證明他的推測是錯誤的，然後他會對自己說：「我真倒楣！」就在他把失敗歸咎於倒楣時，就已經是迷信了。

通常迷信總和直覺脫不了關係，直覺是很有用的；當人們參與股市交易，如果感覺自己好像上錯船，就必須往外跳，不過人們得先確定這真的是一艘錯誤的船，而這就是思考與直覺的混合了。你不該受經紀人意見的影響。如果你因為股市投資而徹夜難眠，應該立即清倉！

一般而言，女性有一種特別且強烈的直覺和本能，這些特質往往可以補充男人的邏輯思考能力；所以投機者也應該重視女性的意見。

直覺只是一種無意識、出於本能的邏輯，是一種結合長年以來股市經驗、生活體驗及想像力而衍生出的產物。在夜晚，透過無意識的腦力活動形成一種想法；到了早上，這個想法便衍生為我們所謂的直覺與靈感。不過，若是單單只信賴想像力，是十分危險的。

我是迷信的

我不得不承認，我也很迷信，舉例來說，我走在街上卻突然發現，我竟然把一份重要文件放在家裡，忘了帶出來，但我不會回頭去拿，那可能會帶來厄運。或者，我掉了一枚硬幣時，我會告訴自己，這次損失會有補償，一定會帶來一大筆無法想像的利益。

不久前，在一場針對稅務顧問協會的演說之後，我正要搭計程車前往科隆機場，一位與會者邀我坐他的車一同前往，這是第一個好運。在機場，我在無預約的情況下，竟然在飛機起飛前二十分鐘訂到一個座位，這是第二個好運。

接著我驚訝地發現，身邊坐的竟然是好友卡爾・奇梅爾（Carl Zimmerer），他正好也要前往慕尼黑；這是第三個好運。我們天南地北地聊了起來，卡爾順勢談到剛剛才買了某一特定的股票，這話題實在是令我再滿意不過了。就在到達慕尼黑的同時，我也下了一張買單。一直到現在，我還保有這份好運。

有時我也會有感性的考量。童年時，我讀過一本名為《隧道》（*Der Tunnel*）的長篇小說，作者是拜恩哈特・凱樂曼（Bernhard Kellermann）。這是一本科幻小說，描述當時美國與歐洲共同建造一座隧道的歷史。當雙方在鑿通的隧道中央見面時，那種歡騰的情景，令我畢生難忘。所以現在我買了英法合資的歐洲隧道公司（Euro-Tunnel-Gesellschaft）股票，只是為了把握鑿穿英吉利海峽的壯觀時刻。也許會有損失，也或許會賺得更多，無論如何，購買這些股票是出自於我多愁善感及個人的愛好。

我有許多的護身符，而且會隨身攜帶。當我在咖啡館不小心打破玻璃杯時，我會立刻撿起一塊碎片，包起來當成幸運物。直到現在為止，我的生活始終都過得很順利，也因此我很感謝上帝。不過，我究竟該把多少部分歸功於幸運物呢？這是信仰，還是迷信？我覺得兩者都有。

但是，當一個人依賴迷信來進行財務投資，便是一個賭徒，就好比我年輕時的寫照：我知道賭局的規則，而且是在痛苦中學習的。或許是智慧隨著年齡而增長，現在的我，是一個不折不扣的固執的人，我認為就算放任自己採用一點無害的迷信和拜物，都是允許的。

數字的魔力

有些股市玩家相信數字的魔力以及日曆重複所代表的意義。十三號星期五當天，人們在做重大決定時總會特別謹慎（即使有肯定的想法，我也會說：「我正巧在今天冒了一個險！」）。在芝加哥的期貨指數市場，每幾個月就會有一個重複的特定日子，有三個選擇權的期限在同一天到期，這天也就被芝加哥投資人稱為「三巫日」（註：由於指數選擇權、指數期貨與指數期貨選擇權，均以契約月份之第三個星期五作為最後交割日，故在當天及之前幾天，投資者便會在市場上大量平倉，造成較大的價格波動，故稱三巫日）。他們定期重複著恐懼，害怕在這個日子裡會發生股災。當然這只是純粹迷信罷了。相同的道理，人們也可以藉著棒球比賽的結果，或女性的裙子長短，來作為判定股市趨勢的依據。

這群股市賭徒並未以輕鬆和幽默的態度來看待這些事情，反倒是堅持他們既定的想法，並且崇信起來，這便成為一種病態行為了。戀物癖隨著時間而改變，不過他們都有一個共通點，那就是他們最後都對迷信感到失望。

長年以來所有股市玩家都為流動資金所迷惑，這是有邏輯可循的。如果資金過剩，中央銀行會調升利率，但高利率卻不利股市發展。景氣不佳時，人們指望股市會更好，而聯準會為了提振經濟，就會調降利率。低利率，就意味著更多的流動性，對股市而言是最佳的利多。

後來，成長率成為新的崇拜對象，當成長指數上升到某一程度，投資人便積極買進，儘管成長率上升會伴隨升息，對股市其實是負面的影響。最糟糕的是：成長率每星期都在調整。

另外，期貨投機者的理論也是十分荒謬的：不久前，他們認為在白銀價格和大豆價格之間存在著一個恆定的差距；當銀價上漲到一定行情時，大豆價也必定會漲。為什麼呢？因為投機者利用這兩種商品來謀取利益；當銀價上漲至一定程度時，這些投機者手中便有更多的現金可以運用，便用來買黃豆。

基於同樣的理由，交易者信誓旦旦地認為，相同的理論也適用於貴金屬：當黃金價是X的時候，白金一定也有上漲空間。但結果是：有很長一段時間，白金價格都在黃金之下，結論錯得離譜。

我認為這些理論愚弄了大眾，只適合那些必須給顧客建議的經紀人。他們的預言幾乎很少實現，意見也幾乎每天在變，所以就算他們做了幾十種分析也是白費力氣。

著了魔的人

鍊金術士、觀星者和先知仍存在當今社會中，只不過是以另一種形式呈現。現今的鍊金術士不再寄望能點石為金，而是希望藉由他們的理論，達到影響黃金價格的目的，進而從中獲利。還有些所謂的先知，他們從星象、咖啡渣中研究樂透或輪盤的中獎號碼；或者是以股市行情曲線解讀未來的股市趨勢，他們借助電腦、尺、圓規來計算。

不管樂透、輪盤或股市，對這些自詡為具有科學頭腦、過度相信自己的人，我都稱之為「著了魔的人」，如果是靠系統來賣股票，我就稱他們是「江湖術士」。我覺得和他們討論是浪費時間，因為他們的論點屬於神秘學的領域。他們可以在短時間內獲得群眾擁護，因為愈不可信，追隨者愈多。

在某種程度內，熱中於技術線圖的股票盤勢分析師，都屬於「著了魔的人」，但他們得到股市經紀人的全力支持。在我認為，閱讀分析圖表是一種科學方法，卻無法帶來知識。當然，我也會看線圖，因為中國智者曾說過：「鑑往知來。」

藉著分析圖表，人們可以非常清楚看出昨天和今天是如何。至今天為止，價格曲線是真實的；不過從明天起，當它再度被展現出來時，卻是杜撰的，無論好的或壞的。

我不曾在股市中見到任何成功的圖表解盤家，因為他們通常都步上破產一途。在以前的維也納，人們稱他們為「年輕的股市投機客、老的乞丐」。他們之中沒有任何人是大人物。

狂熱分子的下場

就像輪盤賭客一樣，圖表分析師也是不折不扣的狂熱分子，他們靠電腦工作。在許多賭場都有這種賭徒集團，他們設定一些數字，並將數字輸入電腦中計算，然後便一直不斷地重複這些動作好幾小時。不過您不需要問結局如何。因為晚上時，他們仍在吹噓自己的幸運，並且自認已經發現正確的數學公式。三小時後，他們就手上空空，而不得不向人要一些馬克，為的是要重新啟動這個不會出錯的系統。

為了讓賭客能繼續玩，我擁有許多交換來的黃金和白金香菸盒；我在輪盤大廳花了幾百個小時，只為了觀察那裡的人，但始終沒有加入這場遊戲，因為這種過度的刺激，對我而言是完全陌生的，就算在股市，我也從不研究當時的行情，我對這些不斷的變化實在是一點興趣也沒有。

對一個狂熱分子而言，最大的不幸莫過於他的遊戲系統一開始便成功，之後他就會變得更加狂熱。從前，維也納流傳著這種說法：「猶太人在損失最後一千元後，便失去了理智。」現在則改成：「玩家在贏得第一個一千元後，便喪失了理智。」

輪盤玩家會享受到贏的快感，這是肯定的，不過，他的第二大樂趣就是輸，因為他把過度緊張的感覺當成一種娛樂，不再是為了錢。因此，許多百萬富翁便成了上癮的玩家，不同的是用多少錢來測試運氣罷了。

遊戲玩家可以有哪些成就，安德烈．雪鐵龍（André Citroën）可以充分說明。這位天才的汽車業鉅子及工業家，他沉迷賭博的下場特別悲慘。在二〇年代，他是法國的巨星，雪鐵龍曾舉辦過別開生面的汽車巡迴賽，擁有穿越非洲大陸的「黑色拉力賽」，和駛向中國的「黃色拉力賽」。他引人矚目的想法還包括要以巨大的「雪鐵龍」字體裝飾在艾菲爾鐵塔上。就在他提出這項特別想法時，災難也同時而至。

在一個非常高雅的度假勝地設有賭場，是許多巴黎上流社會人士假日聚集的場所。實際上，雪鐵龍並不是真正的紙牌玩家，當他在大廳開始玩牌時，或許只是想在這裡贏一點，那邊輸一點罷了，最主要的目的是，隔天報紙會在八卦專欄裡報導著：安德烈・雪鐵龍整晚散發光彩，並且豪擲千金。

就在第一晚，雪鐵龍不但贏錢並且上癮了。從此他每個週末都泡在百家樂大廳（Bak-karatsaal），一輪再輪，不斷地輸。儘管他的太太嘗試各種方法，要讓他離開這個賭局，但都失敗。

安德烈・雪鐵龍一點都沒有悔意，後來甚至虧空公司大筆金錢，並且向銀行大量貸款。直到有一天，銀行負責人來拜訪雪鐵龍，看到他有如精神錯亂般瘋狂豪賭，於是決定中止他的信用，雪鐵龍就在賭桌上失去一手創建、經營成功的汽車公司。

賭博如同毒藥，像嗎啡和古柯鹼一樣，會危害上癮的人。

許多股市賭徒不只將他們的熱情導入於股市而已，我有一位朋友上午在股市、中午玩賽馬、下午和晚上則分別玩橋牌與輪盤，死的時候是個窮光蛋，這當然是他的下場。

賭徒會將命運的挑戰當成娛樂。我認識一個非常有錢的人，不過他的電車票經常都不打孔的。他的遊戲就是：當我打孔而驗票員沒來檢查，算我倒楣；如果驗票員來查票，我很幸運；當我沒打孔而驗票員來查的話，就是特別倒楣；如果驗票員沒來查，就是特別好運。

這種人一旦踏入賭場或股市大廳，連最有智慧的人，都會把才智擱在衣帽間。我認識一位數學家，他被視為是專業領域中的權威。有一次我們站在蒙地卡羅的輪盤桌前，觀察著眾家賭徒，他突然告訴我：「安德烈，你看那邊的一個蠢蛋，他一直不斷地押在黑色，難道他沒有察覺這裡還有一個紅色系列？」

心理學家把這種情況稱作「賭徒的謬誤」，試圖將運氣強行納入統計上的平均分布。如同杜斯妥也夫斯基在他的《賭徒》（*The Gambler*）一書中提到：「當球已經落在紅色十次時，當然沒有人會再把錢押在紅色。」股市投資人也完全以此為出發點，他們秉持著「黑色系列」一定會結束的理念，也就是當一段行情到達高點時，一定會再往下落的想法。只不過，統計上的觀點並非絕對如此，因為就個別情況而言，一個人無法事先斷言，在某一特定日子裡，股市行情是否會上升或下跌。有時就是會長時間維持紅色或黑色系列。

股市上癮症

股市也容易使人上癮，因為那裡有一股非常特殊的氣氛。人們在這激烈戰場內所呼吸的空氣，猶如毒品般教人上癮。我認識很多人，起初只是在偶然的情形下進入股市，不過之後就無法自拔了。

我有一位股市上癮的朋友，他從事鋼鐵業，發跡於韓戰期間，賺了好幾百萬，他將成功歸之於勤奮的工作。在他的眼中，我們這些玩股票的都是一些遊手好閒、無所事事者，而且是經濟的寄生蟲。他其實是對的，而且我一點也不感到羞愧。但我警告他：韓戰不會永遠持續下去，總有一天他可能會很高興擁有股票。

隔天他便來找我。在聽進我的意見後，給了我紙和筆，要我為他選出一系列值得購買的股票，他並不想投機，只不過是湊湊熱鬧而已。首先，我寫了德國青年債券（Young-Anleihe）給他；其次，便介紹南非鑽石廠戴比爾斯（De Beers）的股票，然後是一些美國的藍籌股。事後證明這份清單非常棒，青年債券很快便漲了幾百倍，戴比爾斯股票漲了十倍，其餘的股票也都表現強勢。

在第一次買進股票就有如此優異的獲利之後，他便開始愈買愈多，從紐約、歐洲，買到澳洲。剛開始還以現金購買，到最後便以融資買股票。在他投入股市的最高點時，他發現，貸款已是他全部資產的五倍，另外，他也發現股市有下滑的可能。隨著貸款與資產的差額愈來愈大，我的朋友終於無法承受刺激，因為精神崩潰而被送進醫院。

他的家人在混亂中開了一場家庭會議，決定處理掉所有的股票。他的股票全部被賣光了，而在他接受一個多月的睡眠治療期間，股市崩盤了。我的朋友完全康復出院時，正是行情最低點的時候，不過他很沉靜，宛若重生般地笑著。睡眠療法拯救了他的財產，那些以融資買來的股票，會讓他走向毀滅一途。這也使我心安理得，是我引誘他進入股市遊戲中；幸好有個完美的結局。

可是，當人們股市上癮後，事情便不再如此簡單了。當手中有股票時，會擔心價格下跌，但是手中沒有股票時，他們也會擔心股票可能上漲，自己賺不到。我這位恢復健康的朋友也是如此，他又開始買股票了。

賭徒不死

儘管我鄙視股市的寄生蟲，鄙視那些每天殺進殺出的賭徒；不過，我承認如果沒有他們，證交所就不成證交所；沒有證交所，資本主義就不可能存在，因為愈多的寄生蟲參與股市遊戲，成交量及資金流動就愈大；愈多的資金流動對投資者的保障愈大，他可以在高度流動的市場中，隨時賣掉股票。

如果要我以一句話來為投機史做總結，那就是：賭徒應運而生，不管他贏過或賠過，賭徒永遠不死。

因此我也確信，在每一次股市蕭條之後，雖然當時人們對股票感到厭惡，而且受到傷害，但是隨著時間流逝，人們就會忘記過去的創傷，又會像飛蛾撲火般，再次受到股市吸引。

我常把投機者比作酒鬼；在酩酊大醉後，他會感到難受，在第二天痛下決心，永不再拿起酒杯。但到了傍晚，他便又喝起雞尾酒，一杯接一杯，到了半夜，他又像前一天晚上一樣酩酊大醉了。

他們是不是全都是著了魔的人或傻瓜呢？也許是吧，但這個世界及股市如果沒有這些傻瓜會怎樣呢？如果沒有這些傻瓜，又哪來股市贏家？

第5章 全民公敵

「金錢不是萬能，但沒錢萬萬不能。」蕭伯納（George Bernard Shaw）有次中肯地說。「追求金錢有沒有違背道德？」也總成為哲學家熱烈討論的話題，這個問題不可能有客觀的判斷。但有件事是確定的：金錢的誘惑和追求金錢的欲望，是經濟發展的原動力。

為何人會受金錢誘惑？要多少金額以上才有誘惑力？金錢的魅力無法精準測量，因為答案會因人而異。

很久以前可以聽到維也納人這麼說：「他是一個舉足輕重的百萬富翁。」「他一定有十萬荷蘭盾（Guilder，歐元流通前荷蘭的標準貨幣單位）。」這句話在現代不再遙不可及，因為「百萬富翁」不代表這個人一定擁有這麼多錢。「百萬富翁」以前是用來表示一個因為很有錢而得到適當尊重的人（現在大概也是這樣）。此外「羅斯柴爾德」或「大財主」也是表示有錢人的代名詞。

我的朋友之中有一些人，只要口袋裡有一百馬克，就覺得自己像個百萬富翁，也有很多人覺得別人口袋裡的錢特別具有吸引力。這些人絞盡腦汁估算這個人以及那個人有多少財產，聽到某個富翁時，也總是搖頭嘆息：「不知道他有多少錢？」，腦子不停地猜測某個人的身價或某個物品的價值。

金錢的魅力

有一天，我接到一通金融記者打來的民調電話。她問：「科斯托蘭尼先生，您可是經驗豐富的股票專家。您要如何解釋，您為何不是一個百萬富翁？」我對這個問題感到有些驚愕，但仍馬上回答：「第一，妳的問題太輕率了。第二，妳從何得知我不是百萬富翁？難道我一定得讓妳查我的銀行戶頭？不過，無論如何妳不用擔心，我不會跟妳借錢的。」

當我向別人詢問某個熟識的朋友是否健康或工作近況時，我經常得到的回答是：「噢！他有很多錢。」很多人羨慕別人擁有的財富。也有些人會迷失在自己所擁有的錢堆裡，他們會熱切地愛撫鈔票，讚賞它們，讓自己完全沉醉其中。我的一個詩人朋友曾經說：「假如我有很多錢，我會把它們全部讓給那些有錢人，因為他們是這麼愛錢。」我也認識一個人，他最喜歡的消遣是把戶頭裡的數字加起來。他說這麼做能將無聊一掃而空。世上也有這樣的人，雖然有能力買很多漂亮又貴重的東西，但卻不這麼做，因為他只要想到他有能力這麼做，就感到很滿足了；他感受到金錢的光芒，就讓他覺得很幸福了。

我另一個朋友，只要嘴巴發出「錢」這個字的聲音，同時手愛撫著犛牛皮做的皮夾子，就會覺得生活中的享受全都濃縮到支票簿裡，完全沒有留意到自己不雅的姿態。還有人告訴我，每當點錢的時候，都會激起他的性欲。另一個人則更露骨地說，在股票投資損失慘重時，他會從號子直奔妓院。

幸好還有一些人，會用金錢享受生活樂趣，只是看菜單是無法滿足他們的，他們想實際品嘗美味的佳肴。

對很多人而言，金錢也是權力和地位的象徵，金錢為他們招來朋友、偽君子、嫉妒者、寄生蟲及馬屁精，在身旁打轉。這些人完全沉迷於金錢的魅力，他們不僅想要得到物質生活的享受，也想擁有金錢帶來的權力，簡單地說，就是別人對他的臣服。

曾經擁有過很多財富的人，更容易陷入金錢的誘惑而無法自拔，馬奎斯・卡斯德蘭

（Marquis Boni de Castellane）是世紀交替時一位有名的法國貴族，他在回憶錄裡寫道，當他不再是美國億萬富翁安娜・古德（Anna Gould）的丈夫那一天起，他真的很難過。雖然他沒有窮困到睡在馬路旁，但是已不再能隨手揮霍百萬財產。他說：「直到破產的那一刻起，我才真正感到自己的軟弱。」

理論上來說，金錢的真正吸引力，來自賭博，當賭注不是錢而是豆子，就失去刺激感和緊張感了。金錢也可以是現實生活中種種不如意的補償，如身體殘障或是容貌不佳等等。或者，若是有人因卑微的家族背景，阻礙了社會身分地位的發展，這時金錢便能夠代替祖先給他一個顯赫的背景。艾莎・麥斯威爾（Elsa Maxwell）為愛爾蘭裔的新興百萬富翁牽線，和乘著五月花號來美國的貴族來往。在美國經濟起飛的黃金時期，因為事業的成功，有些出身不好的人躋身美國百萬富豪行列，便能和這些沒落的貴族打成一片了。剛出爐的百萬富翁，在公爵、伯爵間穿梭，突然發現自己居然能和冷漠的美國貴族平起平坐。

很多人喜歡拿錢來炫耀自己，有些人則絕口不談錢，讓有關他的傳聞愈傳愈廣、愈傳愈誇張。總之，人類對金錢的反應，因人不同而有極大的差異。

在愛情的世界裡也是如此，金錢可以喚起一個女人戀愛的感覺。在她們眼裡，金錢代表男人的成就。而一個成功的男人對女人來說，有極大的吸引力，尤其是當女人也可以分享男人的財富時，女人能因為男人給予她榮華富貴而真心喜歡他。也有女人討厭拿她錢的男人，喜歡給她錢的男人。

金錢可以扭曲人們的想法到什麼程度呢？以下對話可以稍作說明。

「你聽說了嗎？」一個人問道：「我們的朋友邁爾去世了！」

「噢！這真是令人傷心！」另一個人回答道。

「他曾經有過什麼？」

「我估計，大概有兩百萬。」

「不，我不是這個意思。我是說，他得了什麼病？」（譯註：原文亦可譯作「他還缺少什麼？」）

「也許還缺五十萬。」

「不，你還是誤解我的意思！我是問，他是怎麼死的？」

「原來你問的是這個！」

開門鑰匙

金錢的世界不是永遠美麗的，錢有種放射波能讓人墮落，也經常使人露出最醜陋的人性。

現在我也許可以用中立的態度來看待金錢，但並非一直如此。

在我年少時，父親將我由貧窮、潦倒的布達佩斯送到巴黎去學習股票投資技巧。因為我很擔心父母親的經濟狀況，所以只拿了基本開銷的錢。但巴黎是一個大城市，當時，甚至是世界的中心。這個城市真是不可思議，當夜幕低垂時就像個超大型的夜間遊樂場。到處可見琳琅滿目的商品，空氣中瀰漫奢侈的氣氛。

當時我還不知道，如果沒有開門的鑰匙——錢，這個夢幻般的世界是怎麼也搆不著的。而我口袋裡的錢不夠多，還差得老遠呢。

在這個城市裡，只要有錢，想要什麼就可以得到什麼。

所以，我唯一的想法就是要賺錢，賺很多很多的錢。對當時的我而言，錢比現在的健康更重要，更不可或缺，追求金錢成了我生命的全部，增加財富是生活的唯一目標。當人崇尚金錢時，他的生活、整個價值觀也完全改變了，除了金錢，其他事物都不再重要，因為沒有任何東西稱得上重要。有了錢以後，什麼東西都可以買得到，所以人一定要有錢。

我第一天到證券交易所上班時，有個親切的老先生問我：

「嘿！年輕人，我以前沒見過你。你在這裡做些什麼？」

「我是亞歷山大公司的實習生。」

「原來如此。」他接著說：「你的老闆是我的好朋友，所以我要告訴你股票是怎麼回事：你別管這裡的人說什麼，也別管那些所謂的訣竅。你只需注意一件事，那就是──傻瓜比股票多，還是股票比傻瓜多？」

直到現在，老先生的一番話仍教我感到受用，而我自己的股市哲學也只基於這兩個要素：供給與需求的關係。

第一次到交易所令我既興奮又緊張，這裡就像一座大賭場，錢來來往往，只要集中注意力，就可以感覺到它，然後抓住它。按老先生的說法，一切應該都不難，只要夠機靈就可以跟上行情上漲的波段，同時也能建立自信心。「然後，到了月底，你就撈進一筆錢了。」老先生咧嘴微笑地這麼說，接著拍了拍我的肩膀。

交易所裡幾百人來來回回，情景相當混亂。老實說，當時我真的無法理解這是怎麼一回事。陌生的股票名稱（其中甚至還有舊蘇俄的股票），在我耳邊嗡嗡作響。年輕的小夥子似乎無所不在，總是急忙地來回奔跑，手中還握著一張寫滿委託人下單的小紙條，像是在跳著不停旋轉的波卡舞，穿梭在不同的小包廂之間。他們經常會和別人撞在一起，總是在人群中擠來擠去，最後才各自朝不同方向而去。

在交易所的正中央，有七十個人圍成一圈站在一起，他們在夏天也穿著深色西裝。原來這群人是股票經紀公司的雇員。其中有人把手肘放在圍欄上，這個圍欄的用意是要把他們和其他人隔開。

圍欄外的人對著他們大叫：「我要賣！」「我要買！」這個嘈雜的空間似乎與世隔絕了。

其中有些人跑到電話亭去回報結果，還有些人用手摀著嘴巴和旁邊的人竊竊私語，好像在談論非常重要的事情。其他人則是在黑色小記事本裡頭寫下密密麻麻的數字。

我倒沒有受這緊張忙碌的氣氛影響，愈靠近這一片新天地，我對這裡的氣氛愈反感。每個人都在吹噓，每次交易都賺到錢，他的客戶總能得到最佳諮詢，每個經理人都在媒體前自鳴得意地敘述自己的經驗和成功之道。開頭的第一句話永遠都是：「我早就告訴過你了。」

雖然當時我還很年輕，也缺乏實際經驗，但我已經知道：交易所裡的傻瓜和騙子比世界上其他地方都多，他們永遠在假裝自己聰明絕頂。這些看法一直到現在仍然沒變，變的是：現在的交易所已經不再那樣喧鬧、雜亂了。股票交易透過電腦下單，投資人可以不必親赴倫敦和巴黎交易所現場。投資人只要坐在一台機器前，用鍵盤輸入他想要交易的股票名稱和價格，透過這台機器，就可以知道目前行情。

現在，股票交易員只需像課堂上的學生一樣，一個一個坐在電腦前面。證券交易所的業務經理站在前方講台上逐一唱名每一支股票，交易員則依股票名稱輸入交易價格。之後電腦根據每支股票的供需情況，進行交易價格確認。

漸漸地我開始習慣，在這個環境裡的人都是有自信的資本家。音樂、繪畫、藝術，甚至是一頓好吃的晚餐，對他們而言一點也不重要，他們唯一想要的只是錢罷了。巴黎的新工作也讓我成為追求物質享受的拜金主義者。此外，因為我特別機靈（或者該說是狡猾），很快地，我做了一件只要是視錢如命的人都會這麼做的事，那就是投機股市下跌，這和知識分子的傲慢有關。我非常討厭這群傻瓜，討厭到要和他們唱反調，於是，當他們看漲行情時，我卻偏要放空。

出乎意料的，我看空的收益都還不錯。因為，當時碰巧發生了一次大危機，經濟蕭條加上頹靡不振的股票行情，讓股市一路下滑。我每天都會結算所有投資，以確定實際的獲利金額。之後，我仍持續看跌行情，而我的投資收益卻一天比一天還要高。

我說這次成功純粹是個意外，因為我並不是根據分析、判斷而看跌的，看空行情的理由完全出自個人的心理因素。當時的我根本一點也不懂何謂「客觀的投資依據」，我也不是特別對經濟抱持悲觀態度。不管股價漲或跌，我想要的東西只有一樣，那就是錢。

直到一九三二年的克魯格（Ivar Kreuger，瑞典著名富豪）破產事件，我才了解放空投機是在道德上應受到譴責的行為。放空操作得來的收益全來自他人的損失。（編按：克魯格破產事件參見《金錢遊戲》第四十九章）

良心告訴我：人不能以看空行情來賺錢，因為即使成功，也只有我一人快樂，而別人將會很慘，非常悲慘。從此，我決定不再利用股市暴跌時賣空投機賺錢，我要隨景氣往上攀升時做多投機，進而獲利。我要很謙虛知足地說，改變投資方式，我仍比別人多賺一點。而且，這次我不是一個人，而是和上千人一起分享成功的果實。雖然一樣是成功投資，但在一片繁榮景氣的愉悅氣氛中獲利，真的讓人感覺舒服多了。

我是全民公敵？

一位成功的投機者性格必定有點自負，甚至有鄙視其他投資大眾的傾向，這是為了令自己保持清醒，不受大眾的情緒反應而改變自己對股市走勢的看法。這樣的作法是正確的，但是，他也不能表現得太過傲慢。但就連我有時也無法控制自己，進而去挖苦、嘲諷周遭的人。不過，和我年輕時候相比，現在根本不算是自傲。

一九三〇年秋天，一場空前的經濟大危機開始上演，這就是股市歷史上相當著名的奧斯堤破產事件。巴黎股市因此跳空，不斷向下探底，是歷年來最嚴重的一次崩盤。

亞伯特・奧斯堤（Albert Oustric）是當時公認的金融泰斗，是法國一位在各經濟領域皆有涉獵、同時也都相當成功的金融鉅子。無論在沙龍或證券交易所，人們總是不斷談論他的成就，及其廣泛、多元的投資事業，從標緻汽車、地氈、製鞋到玻利維亞銀礦和義大利的人造絲。他的事業其實就是現今的企業集團。

奧斯堤為了處理這麼多公司的財務，另外成立控股公司（簡稱Holfra）。事實上，控股公司只是奧斯堤掌控公司股價的一項工具，他利用融資，大量買進自家股票，造成股票大漲。他的作法讓大多數的投機者認為，其公司股價已經超過市值，因而看空股票，並開始進行融券信用交易，我就是其中之一。

奧斯堤的舉動就是為了引誘像我一樣的投機散戶，對他公司的股票進行融券，到了月底時，奧斯堤已經將所有自家股票全部收購，融券交易因而無法交割，這時奧斯堤便能操控股價，看空的融券交易最後面臨斷頭。

唯有實際掌握無限現金的金融家，才能成功施展這樣的詭計，但奧斯堤用來拉抬股價的大部分資金，都是來自銀行的貸款及股票經紀人，也就是說他的資金來源不確定。到了明天，這些資金供應人可能就沒有辦法再拿出更多錢了。因此，小小的信用緊縮，就可以輕易將奧斯堤的撲克牌紙屋推倒。而這樣的事情真的發生了。

當時，我還是貨真價實的放空投機者，心裡非常厭惡這種詐欺的資本家。我很清楚他的投機手法一定會失敗，事情的發展也真如我所料。我在股價一八〇元時進場，融券價格是一七〇元。後來股票跌停板，我根本無法掛單出脫。當晚我無法入睡，但並不是因為擔心，我知道，我可以從股市中把錢挖出來。

結果這家公司宣告破產，股票停止交易，我手上的持股以三法郎贖回。股票投資很少有這樣高的獲利。這場破產事件除了造成奧斯堤集團崩解，還連帶有大約十五家公司倒閉，受害者包括股票經紀人、證券公司及各種形式的債權人：客戶、客戶的朋友和股東。連兩家聲譽良好的老銀行也受其牽累而宣布關門大吉。

倒閉事件的連鎖反應使英國貨幣也受到拖累，英鎊在不同的外匯市場同時貶值。原因是法國中央銀行放款部擔心民眾會爭相提領戶頭裡的存款，為預先準備，而大量拋售英鎊換法郎。

但是，我成功地躲開這場災難，因此心中不免有些暗自得意，那時我變得驕傲，甚至狂妄自大。我打上了黑領帶，以示自己「因股市而哀傷」。當全世界都在買奧斯堤的股票；而我，卻證明了對所有人和所有事的看法都是對的，並且因為他倒台而能夠大賺一筆。

以前，我習慣到交易所旁的一家餐廳，坐在固定的位置上。許多在證券經紀公司的朋友及同事，在這裡向我報價並接受我的訂單。因為我是外國人，所以沒有證券交易許可證，這在過去並不成問題。但有一天，我竟然被擋在交易所門外。他們說，因懷疑有外籍人士想藉炒作法國息金證券來搞垮法國經濟，所以禁止外國人進入證券交易所。

就是這種偏執的大法國主義給了一個法裔猶太人指控我的機會，這個身材短小的人叫依斯瑞（Israel），他經常坐在我的隔壁桌，偷聽我的戰績。他注意到別人對我的尊敬，同時也希望能擁有和我一樣的生活。後來我才知道就是他指控我放空投機法國息金證券、國家貸款。

有一天，我和兩個朋友走出餐廳時，警察隨即逮捕我。在交易所隔壁的警察局裡，我被當作重刑犯般，採指紋，進行長時間的審訊。隔天，國際事務科的刑警搜查我位於巴黎公園對面的個人工作室。接下來就是嚴密監控我的通訊紀錄及所有交易通知書。晚上我還從收音機聽到：「警方搜索安德烈・科斯托蘭尼的住處，匈牙利人，涉嫌對國家貸款進行投機炒作，這無疑是一件國家重大事件。」

兩個星期後，我再度被傳喚，在市政府，我收到一張由巴黎警政廳廳長簽發的驅逐令，上面寫道：「限安德烈・科斯托蘭尼於四十八小時內離開法國國境。」雖然我非常擔心必須離開喜愛的巴黎，但我問心無愧。我承認在奧斯堤事件中的確有投機炒作行為，但絕對沒有炒作過法國息金證券。出於投資技術的原因，我不可能這麼做。

當時我的經紀人是證券經紀公司董事長、同時也是好友的安德林・佩克（Adrien Perquel），想請前司法部長安那托爾・德莫茲（Anatole de Monzie）幫我。他和安德林的父親是親密好友，才華橫溢，對匈牙利人特別同情。二〇年年代，德莫茲曾當選議員，並多次擔任部長的職務。

一再延遲驅逐令

德莫茲馬上在辦公室接見我，我向他解釋目前的窘境並向他保證我絕對是無辜的。他承諾會重新調閱檔案。隔天，我已打包好行李，準備動身前往車站，打算離開巴黎前往比利時。就在動身的前一刻，電話鈴響，秘書告訴我：「請您不要走，德莫茲先生要我轉告，他拿到延後十四天執行驅逐令的許可。」

這位前司法部長相信對我的指控是毫無根據的，但如果要他正式對警察機關提出質疑，又會讓他相當為難，因為這等於是在侮辱巴黎警政廳廳長。我的驅逐令便從此一次有一次地延後執行。轉眼間，我又在巴黎待了一年，但始終沒有拿到一張正式的居留許可證。

後來我終於得到平反，之前的案底也銷毀了。另外，我還收到一張證券交易許可證，直到今天，我仍妥善收藏這張證件。這提醒我，過分高傲可能招致災禍。

和其他具啟發性故事相同，這場烏龍事件也有一個結尾，戰後，我從美國返回巴黎。在戴高樂將軍的推薦下，獲頒法國榮譽騎士勳章。

我當然又在股票市場重新活躍起來。有一天我在證交所遇見當初誣告我的依斯瑞。

我立刻察覺到他眼睛直盯著我衣領上的紅色榮譽騎士勳章。他是法裔猶太人，有著法國人激進的愛國情操，也經常有反猶太的特殊心理情結。尤其敵視遭希特勒迫害逃出德國或其他國家的猶太難民。

令他更為惱怒的是，我不但在巴黎，而且在證交所甚至比專家還要受歡迎。儘管如此，他仍然忍不住要求我教他一些股票操作的密技：「您說說看，現在應該買股票還是賣股票？」「如您所知，我是個樂觀主義者。您手上的股票就繼續留著吧！」我撂下這句話後，便留他一個人在原處呆立著。

也許是出於感性，後來我又買了幾張Holfra的股票，大約是每股十個舊芬尼，沒想到這是我做過的投資中獲利最棒的一次。不久前，在法蘭克福舉行一場舊股票拍賣會。會場上，這些具有紀念價值的Holfra舊股票以每張兩百馬克成交。我還應買主要求在上面簽名，這件事讓我感到相當自豪。

唯有對股市行情，我至今仍保持某種變相的傲慢，我從不看股價，尤其是當行情對我不利時，我根本看也不看一眼，也不屑聽到和行情有關的事情。

相反地，我相當留意全球有關外交、財稅、利率政策及工商業界的重大事件。大膽分析重要事件是我的拿手絕活，但是這些事件不一定如人所預料地，總是反映在股市行情上。股市行情的反應經常是短暫反常，總要過一段時間才會按我的期望發展。

而且，我是個無可救藥的樂觀主義者，俗話說：「我不知道的事不會讓我變得更好。」因此，我不會去詢問已經很糟的股市行情，因為我知道，得到的回答在我經過音樂訓練的雙耳裡，聽起來像是變調的音樂。

當股市未來趨勢對我不利時，我選擇在這一團烏煙瘴氣中，懷抱著信心等待（這並不代表我沒有悲觀的時候，只是很早以前，我就經歷過很多次這樣糟糕的狀況）。

很多年以前，我就已經在巴黎股市進行高槓桿交易，股市的每個些微波動對我都會造成巨額的獲利或損失。我有個為我工作十年的老秘書，他非常了解我的缺點和弱點。每天他替我在證交所裡進行買賣，因為就像我常說的：真正的投機家不可以在交易所露面。我的秘書非常熟悉我的習性，他知道，當股市低迷時絕不可以打擾我睡午覺，而且我睡醒之後，也不能在我面前提到任何有關股市的事。

在長期不屑巴黎股市後，我轉戰美國華爾街，約有十家證券經紀公司和我有業務往來。在這裡我仍然保持同樣的習性：禁止任何人告訴我有關股市的壞消息。如果有人膽敢給我不適合的股價，我就不會再委託他處理交易。那個告訴我股市崩盤的傢伙活該永遠失去我這一個客戶。（尤其在我聽音樂的時候……）

錢一點也不臭

漫長的投機生涯中，我早就體認出「錢一點也不臭」的道理。從年輕的時候，我便在全世界不同的股市中，學習如何輕鬆賺大錢。不知不覺中，開始有了罪惡感，因為股票專家可能在轉眼間就能輕鬆進場獲利，一次投資進擊的獲利，可能和學者、教授或醫生的年收入差不多。不同的是，學者、教授和醫生必須長年鑽研學問，這讓我感到良心不安。

我還記得，二次世界大戰前，法國上下武裝戰備，當時身為外國人的我，處境頗為尷尬，和我同年紀的人都被徵召入伍，所有的朋友都在軍營裡，我則在座位上監看股市的行情走向。雖然絕大部分投資人正在當兵，但股市行情反而上漲。鑑於之前的奧斯堤事件，我告訴自己這次一定要盡力避免刺傷周圍的人，我做的第一件事是放棄辛辣的哈瓦那雪茄（富裕的象徵）而選擇了象徵民主的菸斗。在餐廳，為了不引起任何注意，我會選擇角落的位子。我想現在談論股市可能會激怒人們，於是我選擇做一件從以前就想做的事——談論繪畫、藝術、美食、音樂等等。但我還是原來那個股票專家，人們想和我談論的話題還是錢。

不久前，我在一個電視節目裡被問道：「金錢對您而言，到底有什麼樣的魔力？」我得這麼說，我已經不再為金錢著迷。當然，為了擁有獨立、自由人會需要錢，為了享受某種程度的舒適生活也需要錢。我的老朋友恩斯特・曼澤（Ernst Menzer），雖然腦袋已不太清楚，但他說了句很有道理的話：「錢對一個年輕人重不重要？我不知道。但我知道，上了年紀之後，錢可以帶來滿足感和安全感。」

我很少奢侈浪費，五年前買的兩打短襪，到現在還在穿。

我唯一的奢侈是蒐集東西的嗜好，尤其是收藏貴重書籍。不久前，世上第一本談論股票的書《混亂中的混亂》（*Confusión de Confusiones*, 1688）出現在倫敦蘇富比拍賣會上，這本書我已經找了二十五年。拍賣會的目錄上註明這本書從兩千英鎊開始喊價，我聽從了一位估價商的建議，將預算訂在五千英鎊。根據他的看法，這個價錢一定能得標。但沒想到一個日本買主竟以一萬八千英鎊得標，足足是我預算的四倍。很快地，又有一本出現在慕尼黑的一家古董店。我考慮了一個晚上，最後同意以三萬馬克成交，這個數字仍然超出我的預算，但我又無法克制自己的衝動。花這麼多錢買一本小書，在別人眼裡已經是浪費的行為了。

儘管如此，對於真正的收藏家而言，蒐集書籍、名畫或是郵票，純粹是一種投資，因為收藏家總是在估算收藏品的價值。無論如何，蒐集物品就是一種最好的投資方式，尤其是把收藏物當作一項遺產，一代代傳承下去的時候。

有很多理財的偏見廣為流傳，很久以前就有人說女人拙於理財。但是我認識很多女人，不但家務事料理得非常妥當，連家庭支出的預算也掌控得非常好。如果一個家庭裡，男人天真浪漫，女人勤儉持家，如此搭配可以說是天作之合。我的父親經常買精美的禮物送我的母親，但每次總是換來母親對他奢侈浪費的指責。「為什麼這麼說？」他回道：「總比拿去買藥來得好！」

但如果情況相反，男人節儉，女人花錢不眨眼，就有可能導致家庭悲劇了。

與債務共枕

「欠債是一件很不名譽的事」的觀念從細心照料家庭、節儉的祖先們一代代傳了下來，直到現在，還是有很多人持有這樣的想法，尤其是在德國。我認為這個觀念現在只適合一種人，就是投機者，只有不欠錢的投機者才能無負擔地按自己的想法投機。

如果沒有貸款制度，資本主義社會將會如何？如此一來，就必須自行承擔投資新事業的風險。連傳統產業都得接受新挑戰，更不用說高科技產業。矽谷和其他的高科技產業，都充滿著奇蹟和冒險，如果沒有貸款，就無法那麼果敢地挑戰，也可能無法生存。所以，現在的金融制度提供了很大的貸款額度，讓投資人能放手參與創投。

我的老友曼澤時常向我借錢，我不想和他老是為同一個問題爭吵，所以最後還是借他一筆錢付房租。但三個禮拜過去後，他又跑去向我的朋友借錢。他也跑來跟我說：「這個月的房租好不容易繳了，下個月的馬上來了，我供不起這間房。」

我對他說：「別擔心，你一定有辦法付房租的。」

「你怎麼會這麼肯定，我現在連一分錢也沒有。」

如此情況下，我只得告訴他一則猶太人的老故事。

貧窮的寇恩在逾越節前夕去找他的有錢朋友綠先生，向他求助：「我沒有錢買馬則（Matze，譯註：英文為matzo，是猶太人在齋戒期間必須吃的一種未經發酵的硬麵包）。」

「你一定可以吃到馬則的。」綠先生向他保證。

過了一段時間，寇恩一直沒有得到綠先生的消息。在逾越節的前兩天，他又跑去找綠先生。「我已經說過，你一定會吃到馬則。」回答仍然是一樣的。

但寇恩還是沒有得到任何消息，到了逾越節的前一天，為了買馬則過節，寇恩只好拿太太的珠寶去典當。節慶過後，兩人又碰面了。寇恩不停抱怨，綠先生的回答則是：「你幹嘛這麼激動？你不是吃到馬則了嗎？」

我以這個故事回答曼澤為什麼我會確定他一定可以付房租。他只好拱手作揖，懇求我別再說下去。

後來在偶然的機會下，我發現曼澤因為是被迫害的猶太人，可以向德國政府申請一筆賠償金。當我告訴他這件事時，他說：「我終於可以得到馬則了。」但我沒有開玩笑的心情，我嚴肅地告訴他：「如果你不馬上提出申請，就不借你房租了。」為免他耽誤申請的期限，我把他拖到一位公證人面前，草擬申請書。根據規定申請者必須來自屬於德國文化的地區內，曼澤來自匈牙利，曾經就讀賴興貝格（Reichenberg）的紡織學校，而且說著一口流利的德語，他肯定符合申請賠償的資格。

但還是太慢了，申請書因超過申請期限而被退回。除非申請者能提出文件，證明曾因精神疾病入院接受治療而無法如期申請。我們商量過，這個方法的成功機率不高。看來，我得一直提供他資金上的援助，直到我或他去世為止。

幾個月後，他和我相約在一間咖啡館碰面，他從皮包裡掏出一張由巴黎精神療養院開立的證明，上面寫著：「曼澤先生曾因精神疾病在本院進行治療。」我不禁要稱讚他的聰明才智，我問他：「你怎麼弄到這份正式證明文件的？」「很簡單！我真的入院接受治療。」

原來我在不知不覺中成為這件事的共犯。在巴黎的匈牙利住宅區，經常舉辦大型慈善舞會為匈牙利難民募款。我常常收到他們的邀請函，但從未出席過，因為我十分討厭舞會中總有一些故作高雅的人到處說長道短，不懷好意。有一次我把邀請函轉給曼澤，要他在舞會中製造一點醜聞，做件逗人開心的怪事。

曼澤立刻採取行動，他租了一件黑色晚禮服（租金當然是我借他的），趕到舞會，先到自助餐區飽食一頓，但沒有機會讓曼澤製造醜聞。兩天後，他跑到一家服飾店找店長圖爾凱夫人（Madame Tulgay），是慈善舞會的籌辦人，也是我討厭的那群人中的帶頭者。曼澤告訴她，他是匈牙利難民，希望得到一些資助。但圖爾凱回絕他，然後，便你一言我一語地爭吵起來。最後曼澤大叫：「我要去向警方檢舉妳，以服裝店做掩護，經營色情交易。」曼澤的大吵大鬧引起騷動，最後還出動警察到場，將他送往精神病院。他就真的在裡面待了好幾個月。

由於這件事，曼澤現在每個月都用德國政府給的補償金付房租。另外還有一筆對曼澤而言為數可觀的補償金。我則利用這筆錢幫他買了些穩當的股票，並由一間瑞士銀行管理。

雖然如此，曼澤仍然過著非常儉樸的生活，身上的衣服像一件布袋，住的是租來的套房。但這一筆財產給他很大的安全感。他從未提領出一分錢，一直放在銀行裡生利息，一段時間後，錢就多了很多。從某個角度來說，曼澤先生的故事給股票投機者上了一課：負債時，要有耐心且和它一起安然入睡（真正的投機高手要能像鱷魚一樣，張著眼睛睡覺）。我確信曼澤一定不知道自己的戶頭裡有多少錢，我也是如此，我從不去計算我所有戶頭的總金額，因為我不必向任何人負責，這是我自己的錢。

雖然金錢有不好的一面，但我不能想像，這個世界如果沒有金錢，要如何運轉。現實世界中，資本主義需要貨幣、資金及流動性，才能讓世界欣欣向榮，讓所有人分享愈來愈富裕的生活，窮人不會再更窮，而有錢的人可以更富有。

第6章 群眾是無知的

在一九八七年十月全球股災發生後，前德國總理施密特（Helmut Schmidt）曾說：「股票市場裡到處都是瘋子。」雖然我不是每次都贊成經濟學者出身的施密特的言論，但我必須承認，這次他說的卻和事實十分相符。

「群眾是無知的。」這句話出自一八九五年古斯塔夫・勒龐（Gustave Le Bon）的經典著作《大眾心理學》（*Psychologie der Massen*）。隱藏在這句話背後的真正含義是群眾的力量。即使在一群特別聰明、相當沉穩熟慮的人當中，這股力量仍然能夠發揮作用。挑選一百名智商最高的人，讓他們處在一個狹小的房間裡，結果顯示，一時的情緒衝動會影響他們所做的決定，無法用理智思考。

假設有一位股市專家經過反覆思考後，終於決定，要在某天早上出脫手上的持股。但當他踏入交易所大廳時，卻又耳聞其他投資人對股市後勢抱持樂觀看法。就在這一瞬間，他馬上變卦，反而又買進新的股票。

在美國股市，盤勢經常能發揮決定性的作用。即使沒有上百萬，也有數十萬的投資人會依據盤勢而決定投資行動。盤勢上漲時，這些看盤的投資人會開始買股票，毫不猶豫地跳上這列正在行駛的火車。盤勢反映投資大眾的心態。因此，對每個投資人而言，盤勢有說不出的魅力，吸引其跟隨投資大眾的步伐決定買或賣，盤勢就像是戰場上的旗幟。只要旗幟高立飄揚，筆直向前，部隊就會緊隨其後；如果旗幟倒下，人們就會擔心前進的步伐已經停止；勇氣喪失，部隊就會四散奔逃。證券交易所也是如此。

所以，在股市上漲階段時已獲利的人要特別注意，旗幟是否高立空中，是否有帶領部隊跟進的作用。業內人士喜歡稱之為「護盤」。依我之見，投資人可以分析市場技術狀態，來評估某一事件對投資大眾所產生的心理反應。

如同我曾經說過的，股市短、中期的漲跌九〇%受心理因素影響，而基本面則是左右股市長期表現的重要關鍵。

股市投資人的心理狀態是短期股市走勢的決定性因素，也就是說，股市的短期表現，要看股票是掌握在資金充裕且固執的投資人手中，還是在容易驚惶失措的猶豫的投資人手中。

在短期內，經濟形勢對股價沒有任何影響，對利率及產業前景的影響僅是投機者判斷的參考。股市會上漲的因素，是買方即使在經濟及心理壓力下仍然表現得比賣方強勢。**會影響股市行情的是投資大眾對重大事情的反應，而非重大事件本身**。

決定股市中期走勢的重要因素，除了心理因素外，還有利率。利率，或者資金流動性，會決定資本市場的資金處於供過於求或供不應求。利率對於債券市場有決定性的影響，當債券殖利率走低時，就會有較多的流動資金流向股市。可是，利率對股市的影響要過一段時間後才會顯現，也就是「股市的中期走勢」。

對長期走勢而言，心理因素不再重要。如果ＩＢＭ、西門子（Siemens）或賓士汽車沒有穩固的基本面，股價就不會像現在這麼高了。這些企業集團的股價之所以那麼高，和心理因素並無關聯。但今天又有誰能夠預估，後天的股票市場氣氛是恐懼還是充滿希望，投資人又會對股市有什麼樣的偏見。總體經濟情勢，尤其是產業的景氣，決定了股票的表現及未來的獲利率。能夠預見某一產業數年後景氣發展的人，便能從中大撈一筆。我認為，決定股市走向的基本因素有兩點，而其他因素追根究柢都是這兩點的延伸：

1 貨幣供應量與新上市股票之間的關係。
2 樂觀或悲觀的心理因素（也就是未來趨勢的評估）。

所有的重大事件，例如政治、經濟或金融方面的新政策，不論是否會對目前股市產生決定性的影響，都可以歸納成以上兩點，並藉此分析。

而我早就把這樣的理論化為一個數學方程式，可以當作是分析股市走向的一個基本原理：

T（Tendenz，趨勢）＝G（Geld，資金）＋P（Psychologie，心理）

資金是指可以隨時投入股市的流動資金。如果政府或公司發行的債券利率很高，或者銀行、金融單位將定存利率訂得很高，那麼願意購買股票的人當然就會比較少。簡單地說，資金這一項變數完全取決於長期利率的高低。

相較於資金變數，心理因素卻是由許多不同的次要因素組成。假設有家上市公司的獲利與股利降低，或者政府宣布調升稅率等等（不利股市行情的作法），但這時投資大眾卻對未來行情走勢樂觀，那麼，投資人就對這些負面消息有較高的抗壓性，因為他們認為這些不利因素對股市的影響只是暫時的。因此，雖然有一些十分重大的負面消息，但P變數在此一情況下仍會維持正號（＋）。

即使公司營運方面發生重大事件，這樣的分析結果也是成立的。例如罷工，只要投資人認為罷工對公司不構成影響，那麼這家公司的股票就不會因此而下跌。

對股票經紀人而言，戰爭或和平的事實本身並不重要，重要的是，投資大眾對這一事實的心理反應。

股票本益比的評估也純粹是一項心理因素，假設某一股票的本益比是十五，市場分析師認為這個數字過低，那麼他會說此一股票的行情被市場低估了。但是過了一段時間之後，他又會有完全相反的看法，認為本益比十五太高了。

我不想說這些分析師做的評估根本就是錯的，但是投資人不可能從他們的評估中看出股市的後勢發展。所謂「股價過高」或「股價過低」不過是比較之後的結果，並非像數學算式一般，可以算出標準答案。所以，我不禁要偷偷嘲笑這些個分析師，他們總是將本益比奉為判斷股價高低的重要依據，而迷失其中。因此，廣義地說，分析師的評論當然也算是分析行情走勢時的一項心理因素。

這些總是把本益比當作是股市公式的人，一定不會投資ＩＢＭ、賓士或其他有潛力的股票，因為對他們而言，這些股票的本益比總是過高。

尤其是分析處於虧損狀態的公司時，這樣的行情分析法更顯得偏頗而不懂變通。按照這群分析師的說法，投資人根本不該碰這種公司的股票，因為它們的本益比全都是負的。但是，我投資過最賺錢的股票，卻往往是這種公司的股票。當我買進股票的時候，這些公司都處於營運虧損的狀態。可是，當這些公司的業績轉虧為盈，股票也會同時往上飆漲。

數學邏輯不適用於股市

我認為，投資人不應該將一般的數學邏輯套用在股票市場上，股市行情不是用一把尺就能測量出來的，股市的未來走勢也不是用數學公式就可以計算出來的。在股市中，我只應用一個數學理論，為了詳細解釋，我想先敘述以下的小故事。

有一天，有個老朋友來拜訪我，雖然他是個非常優秀的投機者，但不知為何一副驚惶失措的樣子。他問我：「您可不可以幫我解釋最近發生的不尋常現象？我在同一時間內進行股票、債券及期貨的投機。這些交易市場彼此之間完全沒有任何關聯。

「我的操作如下：買進南非的礦產、美國汽車產業，放空法國公債及英國銀行股，同時，我看漲錫價，也放空燕麥以及可可豆，最後是買進石油股。您得承認，這些市場之間並沒有很大的關聯性。但是它們的走勢，不是全對我有利，就是全對我不利。但也有可能是原本該跌的卻漲了，該漲的反倒跌了。

「我真的很想知道，美國汽車股和可可豆行情之間有什麼關係，而倫敦的銀行股和溫尼伯（譯註：加拿大南部的燕麥集散地）的燕麥行情又有什麼關聯。我快要發瘋了，一夕之間，我所有的投資全部大亂。有時行情走勢完全合乎我的心意，但有時卻又唱反調，這其中到底隱藏著什麼樣的神秘力量？」

我發覺，很多投資人都有如此錯誤的想法。現在，讓我來解答這個疑問：「你們最指望的是一種能用數學邏輯推算的股票，這種股票肯定表現不如預期。我想，你們不外乎用公司資產負債表、盈虧的高低、分配股息的多寡來決定投資策略。在原料市場中，你們必定是先看產量及消費數量方面的統計結果，以及相關的貿易條件和國內外相關政策。從這些資料中，你們也許會赫然發現，有一段時期，股價表現似乎不合邏輯。也就是這樣，你們才會認為行情走勢根本不符合預期結果。這時請你們要發揮耐心，這些股票會再度攀升的，於是行情的發展也就符合所謂的『邏輯』了。

「你們一定知道：『二乘二等於五減一』。這就是我的信念。」

在生活中，或操作股票時，沒有任何事是簡單的，所有事物皆依據這個真理而存在。經驗告訴我們：一定可以達成目標，只是中間的路程絕不是一條直線。

我的股市數學理論聽起來就像玄學，但在其他生活領域，如宗教或藝術，是可以講得通的。像音樂，把它化為最小的元素，就是由旋律的和緩和緊湊組合而成的。

我進一步向朋友解釋：「突然間，我們發現自己在曲線上。為何數學邏輯用不上？這個問題有上千種答案。」用數學邏輯推算的股票行情走向如果真的符合邏輯，那麼一切就沒有問題。問題在於，根本無法預測時間點，這一點會讓結果被推遲，甚至還有可能背道而馳。昨日還很穩定的狀況，今天可能就詭譎多變。但如果投資策略的根本條件沒有產生變化，那麼一切只是時間的問題。

所以要能在轉眼間對混亂的局勢做出正確判讀，要能看出一些徵兆。如果對行情走向所下的結論和現實的情況暫時有出入，便不能氣餒，要堅持下去。但如果情況發生根本性的變化，例如戰爭或和平，政治、經濟以及金融方面的重大決策，政權輪替等等，這時就必須要承受這事件所帶來的影響，萬不得已時，還是得認賠出脫手上表現還不錯的股票。

對於朋友的迷惑，我的解答是：

「所有流動資金都和您一樣，都在不斷尋找投機的機會，以創造更大的收益，在針對行情發展做邏輯推演之後，就會去投機。這時不單單是您，而是上千個人和您一起進行同樣的投機，交易相同的金融產品，甚至是同樣的買價或賣價，所以就會發生當您買進時，市場總是呈現超買狀態，而您放空時，市場則呈現超賣。

「您告訴我，您想買些石油股。其實國際投機者早已大量收購石油股，目前正等待行情大漲。但是當這些股票因基本面而正開始上漲時，投機客卻因為想馬上獲利而出脫手上持股。如此一來，股票的上漲幅度便有限，甚至根本不漲。同時因為股票並沒有如預期般翻紅，其他投機者也變得急躁，決定開始賣股票。

「所以，投機者決定投機策略時所依據的基本面利多，有可能和技術面相互抵銷，這就是投機者無法理解為何有時候明明是利多格局，但股市行情卻沒有做出相對反應的原因。實際上，平時股市行情的高低起伏，只不過是反映供需關係而已，只有在特殊情況下，才能表現出股票的真正價值。所以不管如何，只要市場供應大量股票，行情便會相對下跌。

「此一說法完全符合邏輯，就像我們說在股利增加的情況下，石油股的股價會往上飆漲一樣合邏輯。但是，當股票的買賣不單是出於慎重的思考時，技術面的操作情形甚至比基本面的影響還要大。

「因此，股價的波動是在反映股票供需之間的壓力，把某一交易日的全部買賣委託單拿來，看看投資人是出自哪些動機而決定下單，這樣的研究應該會非常有趣。

「邁爾先生賣股票的理由是因為隔天他有一張匯票要兌現；另一個人是因為想為自己添購一間房子；第三個人則是女兒即將結婚，需要一筆錢做嫁妝；第四個人賣股票是想等股價下跌後逢低承接。而舒茲先生為何在這一天買股票呢？因為他才剛賣了一棟房子，手頭上有多餘的現金可以運用，或者是因為他在股票高檔時已經把股票賣掉，現在想要逢低買進。

「這些論斷其實是十分荒謬的，我們假設股價已經來到投資者認為的相對高點。那麼，這時投資人就處於危險區了，因為這麼高的股價行情已經無法對投資大眾產生像之前那樣大的吸引力。場內只剩下真正有購買意願的投資人及已有持股的人，後者正等待歷史最高價位出現，賣股票獲利入袋。這時，所有人都在準備退出股票市場。不論之前預測的行情走勢已經得到事實的驗證，或是預測的行情走勢也許才剛要開始，利空行情已銳不可當。

「以上的推理過程也可以用在完全相反的狀況。例如：某一家公司發生財務困難，我們推斷其公司股價應該會暴跌，跌至投資人認為合理的低點。然而，股價卻維持在較高價位。即使仍然有負面消息繼續傳出，股價卻沒有下跌。

「在股市用語裡，稱這種現象為『既成事實效應』（Fait accompli, accomplished fact）。這個現象之所以會發生，是因為看跌的人在之前就已經出清持股。另外，還有一些投資人仍然願意握有此檔股票，是因為他們能夠接受此家公司衰退的事實，對手中的持股另有打算。早已進行大規模融券的空頭投機者，看到他們的預測完全實現了，為了確保目前的獲利，於是開始辦理融券回補，此一舉動帶動股市上漲。我曾有好幾次在不同情形下經歷如此相同的現象。負債累累、快要倒閉的公司所發行的股票，在跌深之前，行情會有一段很長的時間保持在相對高點。

「『既成事實效應』在股市行情走勢中具有相當重要的意義。我們假設，現在有爆發戰爭的可能，很多投資人開始賣股票，但宣戰當天的股市行情卻違反所有人的預期，反而在瞬間上漲。一九三九年戰爭開打時，無論在美洲或歐洲的任何一個交易市場，都是這樣的走勢。這一切都是源於技術因素。

「當時，我已經做了萬全準備，以應付一場嚴重的金融災難，而且還認為所有銀行都將關閉，股票交易市場及期貨市場也一樣。同時，我也準備好面對更嚴苛的外匯管制。周末假期在一片緊繃的氣氛中過去了，星期一，終於開戰了。

「我走到街上，非常驚訝地發現，銀行、股票交易所，甚至期貨交易所居然繼續營業，好像什麼事都沒有發生一樣。最令我訝異的莫過於股市的表現，股市行情由黑翻紅，且持續上漲六個月之久。這就是『既成事實效應』的支撐力，當每個人都預測股市崩盤時，它卻反其道而行。

「這讓我聯想到殯葬儀式後的一個特殊現象，送葬的親友在送完親人下葬後，由墓地動身前往餐館吃飯。幾杯酒下肚後不久，親友的臉上開始展露笑容，人與人之間的言談也愈來愈大聲，愈來愈高興。也許他們等候這場死亡的來臨已經有段時間了。病人在飽受病魔折磨後終於嚥下最後一口氣，對親友而言，有某種程度是一種解脫和安慰。

「所以，在戰爭期間，如果投資人認為和平將近，那麼他們就會開始買股票，於是股市行情在還是戰亂時，就已經上漲了。但到了真正簽署停火協定時，預期的利多行情反而不會發生，這就是『既成事實效應』。

「但事情的發展也可能是：戰爭期間，信心不足的投資大眾早已出脫手上的所有持股，當和平出乎意料地突然降臨時，股市則像火箭升空般強勢反彈。

「戰爭的開打或停火當然是屬於極端特殊的情況。但我們也可以從政治經濟的重大事件，觀察出股市中的『既成事實效應』，這些觀察方法在經過多次驗證之後，我已將之升格為股市觀察準則。

「同時我也要做出以下結論：投資人的邏輯判斷是以基本面為基礎，其中包含統計、經濟、政治因素及其他重大要素。但是由這些因素所歸納的結果，會被之前提及的技術因素掩蓋而失效。總而言之，你的判斷太過理論化了，所以會有和現實不相符合的情況出現。」

雖然我給朋友的回答，是針對他在債券市場及原物料市場中各式各樣的買進、放空投機策略，但是也可以應用在分析股市大盤的行情。

投資人心中偶爾不免有這樣的疑問，為什麼股市會在經濟衰退時成長，在經濟繁榮時下跌？可以如此解釋：**股市行情雖然和經濟景氣互有關聯，也遵循相同的規律，但二者卻不是並行的**。

多年前，我便想出一個例子來說明股市行情和經濟景氣的關係。請想像一個人在街上遛狗。人很平穩地向前邁進——這就是經濟。而狗則有時向前狂奔，有時東跑西跳，有時跑回主人身旁，就這樣來來回回地跑來跳去。這隻狗的行經路線便是證券行情的起伏過程。人和狗同樣是往前走，最後他們也會一起到達散步的目的地。假設人走了一公里，那麼狗大概就走了三倍或四倍的距離。**股市行情的起伏像狗一樣，向前走了一段之後，就會隨著經濟成長（主人）的步伐再走回主人身邊**。

兩個根本要素：一、是資金及貸款情況；二、是投資大眾的心理狀態。此兩者並不是同時對股市走向和經濟發展產生影響。貨幣市場和經濟週期關係非常緊密，但是對商業活動有利的事，對股市通常不利。

我的看法是，對於股市大盤（即單一個股的綜合）走勢，想像力和資金要比基本面的分析更能發揮決定性的影響。當然，事情還是有例外，在股市景氣一片低迷中，需求大的單一個股還是有可能上漲，但股價上升會緩慢，因為得承受與大盤逆勢的壓力。反之亦然，當某一股票的基本面分析顯示處於利多，那麼股價上漲的速度就會比其他股票快得多。或者基本面不佳的股票，即使在市場需求大的情況下，仍然會往下跌。因此，大盤有自己的走勢，個股也有自己的走勢，雖說基本面的分析結果相當重要，但在資金大量湧入時，基本面的作用便無法完全發揮了。

事實上，股價行情的發展經常和基本面背道而馳，事情的發展經常是這樣：當經濟衰退及利率調降時，股市通常會上漲，雖然當時基本面的因素（此處指公司獲利以及分配股利）並不利於股市如此發展。反觀經濟繁榮、工商貿易十分活絡、企業將資金用來擴張發展時，有關當局（政府相關部會及中央銀行）會採取較緊縮的政策，避免經濟景氣過熱。他們會調高利率，嚴格限制貸款申請資格，於是資金供應受到限制。

股價的波動從來未曾符合股票的真正價值，股價永遠過高或過低。如果股價有可以衡量的價值，也就不會有證券交易所了。還好事實不是這樣。有那麼多人利用電腦計算行情走勢都失敗了。同一個人每天對股票的行情估算及未來發展都在更改，因為有很多因素會隨時左右他的看法。在此同時，買方的情緒好壞和個人問題也扮演了很重要的角色。

投資情緒

在評斷大盤走勢時，情況亦是如此。股市情緒追根究柢來說不過是一種投資大眾的心理共識，這個心理共識反映了大多數股票族對股票市場行情持悲觀或樂觀態度，於是就形成了所謂的「投資氣氛」。這會直接影響行情走勢，而且會告訴手上有持股的投資人，是否該把股票賣掉，還是手頭寬裕的人可以進場。

我們很難說明投資情緒是如何形成的，這和現在局勢有關，和未來趨勢則一點關係也沒有。政治、經濟、過去的行情紀錄或是大眾對金融政策的信任與否，都會決定投資人對股市的看法，但這些因素事實上不是真正客觀的。

股市中所謂的投資氣氛或股市情緒，根本毫無邏輯可言，經常讓股市投資專家非常訝異，出乎他們的意料之外。我得再次強調，股市邏輯並非普通的邏輯。

行情上漲時，投資大眾便現身，下跌時，他們不見蹤影。

如果人們更仔細地觀察股票市場，就不會出現所謂的「股市心理學」這個名詞，因為股市本身就是心理學。

就如同潮水的漲退、四季固定的輪替及月亮圓缺，在人類的社會中也有相同的循環。景氣繁榮與蕭條的變換，國家的戰爭與和平，還有悲觀、樂觀的立場搖擺，人類歷史演進中的革新及停滯。股票市場也有漲跌的循環，群眾的心理狀態便是引發股市行情變化的最重要推動力。

為了讓讀者更明白金融交易市場，我利用數十年親身的經驗及觀察，發展出一套股市行情交替循環的理論。不論在證券、債券、貴重金屬交易或原物料市場，都可以利用這套理論當作投機的依據。

每個股市行情循環可包括三個階段：

1 修正階段（股價盤整時期）。

2 調整或相隨階段（順勢波動時期）。

3 過熱階段（急速擴張時期）。

以股市上漲的波段來說明，在新出現的第一階段的股價盤整時期，行情會由跌幅過大修正到一個合理且符合現實狀況的價位。在第二階段的順勢波動時期，行情會隨著發生的重大消息同步發展。如果消息不利於此檔股票，則價位會再度下跌；如果消息有利，則此檔股票會隨之向上攻堅。在第二階段進行到某一個時間點後，另一個新的利多消息會將股市循環自動推到第三階段——急速擴張時期。在牛市這個階段，價位會一小時又一小時地往上攀升。而且，行情和投資情緒不斷地競相飆漲。持續上升的行情激勵投資人的投資意願，如此熱絡的投資情緒像是沒有限度地膨脹，這股力量又將股市行情推向更高點。這時的股價已不具有任何實質意義。這不過是一大群股票族歇斯底里地跟進股市的結果。

當股市處於行情下跌循環的波段時，第三階段中的行情走貶，會使投資人陷入嚴重的悲觀情緒中。於是股價在如此壓力下就像秋風掃落葉般持續下探。最後一階段的上漲波段或下跌波段會持續一段相當長的時間，直到某種心理刺激因素介入，打破這個惡性循環。即使投資人認為那麼高或低的行情並不合理，若這個刺激因素遲遲不來，第三個純心理因素造成的階段還是會一直進行下去。直到有一天，出乎投資大眾，甚至專家的意料之外，股市行情的走勢突然毫無緣由逆轉。股市的週期反轉這時宣告開始，再從頭由股價盤整時期，再到順勢波動時期，最後進入急速擴張時期，這就是股市的運轉模式。

投資人又該如何因應這三個不同的階段？到了第三階段急速擴張期的後半段，即使股價一再下跌，投資人仍應該勇往直前、加入股票投資的行列。如同布達佩斯糧食交易所的老股票經紀人所說的：「小麥跌時你沒有買小麥，小麥漲時你也不會有小麥。」（譯註：意指股票下跌時不敢買股票的人，到了上漲時也不敢買。）在行情上漲時的第一階段，應該持續買進，因為股票走勢已經突破了相對低點。在第二階段中，投資人則應做個旁觀者，被動地跟隨行情起伏，並做好心理建設，準備在進入第三階段後，從過熱的股市中退出，獲利了結。這也就是說，**投機者在股市週期循環的過程中，有兩個階段必**

須採逆向操作，只有一個階段可以順勢操作。

在第三階段急速擴張期的後半段，要投機者在行情一片看跌聲中買進股票，是非常困難的。當同事、大眾傳播媒體及股票專家都建議降低持股時，要反其道而行更是困難。因為很多人即使認同我這套理論，並採取行動，但仍然不免會在最後一刻屈服於大眾心理的壓力下，改變決定，並對自己說，雖然理論上應該進場，但這次的情況不一樣。可是事實會向他證明，反向投資操作才是最正確的抉擇。為了擺脫大眾心理的影響，投機者必須訓練有素，對事情抱持懷疑的態度，而且憤世嫉俗，再加上一點自負。有這樣特質的投機者會說：「你們這些傻瓜。只有我知道事情的真相。或者應該說，在任何情況下，我都比你們了解得多。」雖說這樣的特質不是一個很完美的個性，但卻有益於保持個人獨立的思考，同時也是成功投機的必備條件。所以說，在股市中能夠成功獲利的人只是少數，大部分人都是股市輸家。

但要怎樣才能知道現在是處於哪一個階段呢？關於這個問題，世上沒有教科書可以提供解答，也沒有任何一個方法或公式，可以讓投機者直接得到解答。這個問題的答案只能根據以往的經驗來猜測。投資大眾的反應到何種程度，股市的技術狀況如何，股票持有人的心理狀態如何，他們是對股市充滿信心，還是容易受心理因素的影響而立場搖擺不定？

現今沒有一個科學方法可以推算，股市何時會突然從這一個階段進入下一個階段，明確指出轉換日期更是不可能。行情上漲的趨勢也許可以持續數年之久，或者只有數個月的時間。持續時間的長短可以利用過去累積的經驗和徵兆來判斷。**想要用科學方法預測股市行情或未來走勢的人，不是江湖騙子，就是傻瓜，要不然就是兼具此兩種身分的人。**

只有長年的經驗，才能培養出敏銳的直覺。但即使是經驗最老到、最狡猾的投機者也會有出錯的時候。他們必須經常犯錯，才能累積經驗。假如一個投機者一生中不曾破產兩次以上，那他就不配稱為投機者了。股票族就好像是在一個伸手不見五指的暗室裡，已經在這裡面待了數十年的人，一定會比第一次進來這個房間的人，更快找到方向。

如果我向我的表哥喬治・卡托那提到「藝術」或者「直覺」的字眼，也許他會用懷疑的眼神看著我，因為他是個講求科學的理論家。但是我相信，他一定會認同，**股市心理學就像是一場即興表演：在股市中，你永遠無法說準會有什麼重大事件發生，投資大眾又會有什麼樣的反應，你只能猜。**

群眾的心理反應就像傳染病，有人在戲院裡打呵欠，其他人馬上跟著打呵欠，一個人咳嗽，其他人也跟著咳嗽，股市亦然。

大哲學家叔本華說：「只有痛苦才是真實的；幸運的存在是因為痛苦的缺席。」對投機者來說，痛苦是真實的，那就是股市下跌時的金錢損失，尤其是崩盤時，痛苦顯得更加真實。

群眾要一直等到報紙頭條出現：「股市崩盤造成損失慘重」，才真正覺悟到熊市真的來臨了，它就像一台巨型機器的齒輪鬆了。

投機者可以從生活中實際感受到股災所帶來的痛苦。牛市的漲勢其實相當和緩，幾乎讓人感受不到它的存在，它走一段停一段。相較之下，股災卻在一夕之間來勢洶洶，讓一切財產化為烏有。先是在衝擊下支離破碎，然後徹底粉碎。

假如股市景氣指示訊號持穩，股市的環境就會讓人比較安心，如此一來，只要一切進展順利，投機者便能輕鬆容易地恣意撈取他的利益。所謂一切進展順利的意思，是指事情如他所料地進行，如果他根本沒有想到股市局勢會變得很糟糕，而且是非常糟糕，那麼他就會有很大損失。

當股災真的來臨時，熊市侵蝕投機者的資金之後，他才痛苦地察覺到經濟上的損失，接著開始埋怨命運不公，**只有損失才是真實的，獲利不過是一種假象**。

經濟景氣繁榮是在百業興盛的和諧氣氛中，從容緩慢地開始膨脹，然後突然間變成一顆大氣球，隨時有被針刺破的危險。投機操作中有一名言：「在發生股災或經濟崩盤前，必定經歷過一次快速成長的景氣繁榮，而景氣繁榮也一定以股災作為結束。」

法國人將德文中的「Krach」借來表達股災之意，法文的念法是「Krack」，這個單字使人聯想到打破鏡子，也就是英文的「Crash」。股災的發生就如同晴朗天空，在連一絲雲彩也沒有的情況下，一場暴風雨就突然來臨了。

直到今日，投資人對一九八七年十月十九日所爆發的全球性股災還餘悸猶存。這場災難是如何在大多數人毫無預警之下發生的呢？

暴風雨前夕

從一九八七年夏天起，利率開始沒有任何原因地緩慢上升。當時樂觀的投資氣氛壓過利率調漲所帶來的壓力，物價仍維持上漲（情況就和過往物價上漲時一樣）。但美國聯準會，即美元的發行機關，又一次升息，試圖緊縮資金流動。同時德國為了抑制通貨膨脹，在德國聯邦銀行副總裁施萊辛格（Helmut Schlesinger）的領導下，也決定升息。

這無疑是一根針，把脹大的氣球刺破了。

如此一來可以預見，氣球裡的空氣（即指股市裡的資金）會隨著不斷調高的利率，在數個月內流失掉。

股市由連續五年走高的高檔驟跌二五%，如此走勢不是什麼新鮮事，我自己就看過二十次。但是道瓊指數在一天之內就暴跌五百點（二二%）倒是讓我驚訝不已。而且當行情在七、八月達到高峰之後，便開始往下跌了。這種突然不正常的行情狂瀉，起源於一連串的技術因素：

首先是芝加哥期貨交易市場中賭徒猖獗。在這裡，只要有五%的保證金，就可以投資指數期貨，真是不正常的現象。

指數期貨的交易是股市投資中最複雜的玩法之一。現在，騙徒就是利用這些玩法誘拐投資大眾進入這一座大型賭場（指數期貨市場）。在這個交易市場的玩家，除了機構持有者外，散戶就占了一大部分。

所謂指數就是所有股票的平均價格，其實股票市場中本來就有指數，但芝加哥交易經紀人是第一個將之列為投資標的進行買賣的。這些經紀人在通貨膨脹時期，投資原物料期貨市場賺了不少錢。當通貨膨脹被成功地抑制後，這些經紀人在原物料市場的投資宣告結束，接著轉入指數期貨的投資市場。一口指數期貨合約是由五百個不同的股票行情組合而成，單價高達十七萬美元（一九九〇年七月資料）。但只要拿出約一萬美元做保證金，就可以買一口指數期貨合約。用股票術語來說，一口期貨合約的交易可以有高達九四%的融資比例。也就是說投資槓桿效應非常大，大到違背常理。歐洲的股票市場在一九二〇年代也沒有這樣大的投資槓桿效應，當時會要求至少一〇%的保證金。

因為指數是由五百個不同的股票行情組合而成，指數期貨的投資散戶自己沒有辦法算出一口指數期貨合約的價格。所以，每隔一段時間就會有新的小幫手，即精心設計的電腦程式來協助期貨專家，交易員的電腦每隔一分鐘就會更新五十至一百家股票的行情。

那麼，如何在五百檔股票中挑選出五十至一百家股票？電腦會挑選出在同一時間內表現最好的股票來。然後交易員再根據電腦顯示的資料，調整投資策略。例如在同一個時間點，若指數期貨的表現比股票行情高出〇・五%，交易員就會賣掉指數期貨來買股票。

若情況相反，指數期貨的表現比應有的價位低了〇・五%，那麼交易員就會賣股票買指數期貨，這就是所謂的套利操作（Positions-Arbitrage）。這種金融交易，不是真的承接股票，也沒有進行股票交割。當指數期貨行情走勢突然重挫，價格降至比應有的水準還低時，套利者會賣掉手中持股，改買指數期貨，其實這就是以行情差異作為基礎的快速買賣，這種操作不需任何思考，也沒有任何投資理由。

金童的昨日、今日

若買賣指數期貨後，行情因升息而下跌，則交易員必須補繳因行情下跌而產生的差額，因為行情萎縮已將五%的保證金耗光。如果交易員沒有準時補繳差額，期貨經紀公司就會強制進行平倉（即斷頭），這便是第一波沉重的賣壓。

一九八七年十月十九日全球性股災的第二個技術因素是：證券信託機構的證券經理

（俗稱金童），可以自由運用他們的證券投資組合內市值約數十億的股票。當時，他們對未來行情走勢失去信心，所以想先為這些證券投資組合「保險」，於是在芝加哥的指數期貨市場大量拋售證券。如此一來，原來的價位被他們拉到更深的谷底。在第一波股災之後，光是紐約，就有六萬個金童失去高薪工作、豪華公寓及名貴跑車。

這些所謂投資組合「保險」，其實只是大型金融機構的對沖風險工具，其目的是要避免股票市場中可能發生的暴跌現象。他們並不賣股票本身，交易的金融商品是指數期貨。所以，這些金童所採取的行動，無異是是把房子賣掉的錢拿來繳房子的火災險。

這樣一來當然會產生連鎖效應，股票市場行情跌得愈深，就有愈多指數期貨被賣掉。另外，此時的升息更是把指數期貨市場打入谷底。引起這場經濟災難的罪魁禍首，便是芝加哥指數期貨市場中反常的遊戲，上千名無辜散戶的指數期貨投資也連帶被斷頭，所有投資大眾完全陷入恐慌之中。

當投資大眾看到道瓊指數大跌五百點之後，他們像羊群一個跟著一個，大量拋售手中持股。當天我聽一位股票交易員描述他的客戶是如何驚慌：「我的客戶們大叫：『全部賣掉。』不是這檔或那檔股票，他們說：全部。」

指數期貨斷頭、證券信託機構大量拋售及投資大眾的恐慌心理，集結成一九八七年金融市場的暴風雨。在一片混亂中，我有接不完的媒體通告，包括電視和廣播節目，邀請我上節目說明，還有接不完的諮詢電話。我相當鎮靜，每次大跌我都很冷靜。當時，我不禁想起我的老朋友奧格那・維瑞（Eugène Weinreb），他是個經驗老到又十分狡猾的股市老狐狸，從十歲那年便開始他的投機生涯。有一天，他的秘書非常激動地到他面前說：「證券行情大暴跌！」而他的回應卻是：「證券行情大暴跌？我該激動嗎？我可是在奧斯威辛集中營待了三年……」

當時有很多投資觀察家提到「瘋狂」、「混亂」、「恐慌」、「神志不清」等詞句。專精此一領域的心理專家，看到他們所學的理論得到證實：「在股市翻黑的那一天，投資人從潛意識裡出現一股強烈的恐懼，這一股力量主宰了『理性』的支配領域。」雖然我總是將過度的悲觀視為一件壞事，但我對人性有更好的見解：不是內心深處的那股恐懼力量引發了股災，而是傲慢導演了這一場經濟災難。

景氣非常興盛時，投資人尤其傲慢，當他們精神亢奮時，就看不見氣球有可能被戳破。無論如何，那一根針總是會來的。經濟景氣繁榮與蕭條、股市高漲和暴跌，就像海水漲潮、退潮般的循環，都有悠久的歷史。其中只有一點不太一樣，那就是海洋學家可以分秒不差地算出漲潮和退潮的時間。

瓶頸效應

我在股市中也算是老海洋學家，卻沒有辦法事先算出股災發生的正確時間及強弱程度。可是我在一九八六年七月已經在《資本》雜誌的專欄寫道：「不論是外資或者是本國人，這個月投資人都不穩定，數百萬股票瞬間轉至信心不足的投資人手中。這些人計畫著等行情大漲時，再把股票賣掉。但是到了這個時候，新的股票買主尚未出現。於是他們失去耐性，即使股價不是那麼好，他們還是拋售手中證券。」

一九八七年九月，我重申當時我對股市技術因素的分析：十五個月前我已經把德國股票賣掉，將到世界各地宣揚趕快退出德國市場。因為，當時我親眼目睹企業股票一家接一家爭相上市，也看到銀行團對如此歇斯底里的狀況如何推波助瀾。我知道這一定有內幕，因為德國最大銀行的總裁竟然打電話給在蘇格蘭的證券經理人瓊斯先生說：「瓊斯先生，現在趕快買進西門子股票。」這個年輕人當然對這句話相當認真，這可是出自重量級的德國銀行總裁之口。因此，他買進了五萬張，行情就是這樣高漲的。

這些青澀的證券經理人，才剛在倫敦經濟學院或哈佛商學院畢業，便馬上直奔銀行。但是他根本不知道，股市行情會因他的舉動而產生什麼樣的變化。德國的交易商也太過高估德國股市的規模了。當所有人都要賣股票時，便會產生著名的「瓶頸效應」。德國股市規模太小，根本無法容納巨額的交易量。

我在預測十月行情的專欄（在一九八七年十月十九日全球性股災的前一個月）這麼寫著：「在面對全球性股市不斷上漲時，我們更要考慮：這樣的上升趨勢還能持續多久，什麼時候是行情的轉折處。回憶八〇年代初期，當時股市籠罩在一片悲觀氣氛中，我曾寫過：『股市的上漲幅度愈大，泡沫破裂的災情愈嚴重。這樣爆炸性的災情，不僅發生在華爾街，更會散布到整個世界，包括規模較小的外國股市。』」

我又再一次證明，我的座右銘「永遠保持擔心，但絕不驚惶失措」是對的。這篇專欄的標題是：「股市下一次的崩盤絕對會來臨。但長期來看，還是會往上加溫，感謝蘇聯。」

戈巴契夫行情

這是一次三連霸的局面，在足球術語來說就是「帽子戲法」。股市行情低迷已經發生了，但是現在又往上漲了。人們給這一次上漲行情一個特別的名稱，叫「戈巴契夫行情」。

有兩個人要為東西方關係的改變負責，一是當時的美國總統雷根，他花了數十億美元的經費進行軍備競賽，然後再花數十億美元裁減軍備，為此還必須忍受財政赤字。另一個是戈巴契夫，他是個既聰明又冷靜的政治家（我得強調是政治家而非政客）。他領悟到，蘇聯的經濟會因巨額的軍備競賽而消耗殆盡。

戈巴契夫三度退出日內瓦的協商會議，會議幾乎取消。雖然如此，雷根的態度仍然十分強硬。不論如何，這位克里姆林宮的主人最後還是得帶著建設性的提議回到會議桌上。歐洲的經濟學家至今仍然認為，牛仔總統雷根，同時也是劇場的演員，差點因為國防上的軍備擴張，而讓美國跌入無底的深淵。

最後，解決協商會議歧見的方法，是一則來自布達佩斯的小故事：聰明又小心謹慎的綠先生想把十萬弗林特（貨幣單位）存起來。

「請讓我們來保管這筆錢吧！我們的利息很優惠。」儲蓄銀行總裁說。

「如果你們的銀行倒閉了，會怎麼樣？」綠先生擔心地問道。

「我們有國家銀行和匈牙利政府做擔保。」

「如果他們也破產了呢？」

「這是不可能的，因為蘇聯政府為他們做擔保。」

「那好，如果連蘇聯政府也破產了呢？」

「可是，綠先生，我們私底下說說，難道這件大事不值得您拿十萬弗林特做賭注嗎？」

難道國際氣氛的重大改變比不上美國的財政赤字嗎？

戈巴契夫建立了互信基礎，並且確立裁減軍備的政策，同時在他的主導下，蘇聯對西方國家開放經濟門戶，這三件事讓上千種禁止輸入蘇聯市場的商品禁令得以鬆綁，未來甚至還很有可能解除。現在蘇聯人可以買到上千種之前沒有輸入的商品。這些商品的主要輸出國是美國（主要是高科技產品），其次是歐洲國家及日本。蘇聯是個很有實力的買家。

我還記得，二〇年代剛成立的蘇維埃共和國，曾經下了很大金額的訂單給德國工業界。很多我認識住在柏林的蘇聯商人，生意都做得有聲有色。當時很多富有的舊俄流亡貴族和他們漂亮的模特兒老婆會到巴黎定居，而從蘇聯流亡出來的生意人就在柏林定居。他們的財產都是由蘇聯政府用來支付進口商品的匯票兌現而來的。德國公司為了將產品輸入蘇聯，每年支付三〇％的利息。我們很容易想像，德國商人利潤得有多高才能負擔利息費用，而且沒有匯票退票。蘇聯買到了他們想買的東西。

蘇聯人想要買些內心渴望已久的東西，他們的需求是如此之大，因此小心謹慎的人會問：「他們有足夠的錢嗎？」答案是肯定的，他們有挖掘不完的豐富地下資源，而且，直到現在還未充分開採。

蘇聯人也很可靠，我的很多朋友在第二次世界大戰前，就開始和蘇聯的貿易代表接觸，這些貿易代表的意見都相當一致。因此，和他們交涉，進度十分緩慢而艱難，通常雙方的協商代表會在煙霧瀰漫的飯店房間裡，一邊談一邊喝伏特加，從深夜談到隔天東方魚肚露白，一直等到蘇聯人準備簽署協定為止。只要簽定合約，蘇聯的代表就不會再有任何異議，而他們收帳時，就和英國的銀行一樣（快速準確）。

我最大的希望是戈巴契夫的政治路能一路平安順利，他的例子告訴我們，一個出色的政治家，也可以擁有使人折服的領袖氣質。這一點非常重要，因為這樣的特質可以為經濟帶來充滿希望及信任的氣氛。在所有的影響力、股票、債券、貸款的背後是什麼？所有這些事情的背後只有信任罷了，而且是完全的信任。

樂觀vs.悲觀

據說戈巴契夫在國外比國內受歡迎且聲望還要崇隆，雖然他已經被扳倒十次，但每次總是能東山再起。他是個能夠在挫折中再度爬起的人，就像真正的投機者一樣。因此我很有信心地把未來的展望建立在他所推動的政策上。

我也常被問到，對於一九九二年將成立的歐洲共同市場的看法。我對此也很有信心，但是我認為一九九二年是不可能達成的，而且這個期限一點也不重要。我喜歡以一九三〇年首次上演的一齣法國戲劇來說明，有個年輕人因為一次失敗而想自殺。在最後一刻，他遇見了一個叫拉脫哈德（Le Trouhadec）的老人，是個地理學教授，拉脫哈德也正遭遇嚴重的打擊。在甄選科學院院士時，拉脫哈德被競爭對手中傷，說他是個不合格的科學家。競爭對手指出，拉脫哈德在一本書中提及一個叫多娜谷通卡（Donoggo-Tonka）的地方，位於南美洲的某一處，那裡蘊藏豐富的金礦。但是這個競爭對手發現，這個國家根本不存在。想自殺的年輕人聽到這裡好像突然醒來：「什麼？多娜谷通卡不存在？那麼我們就來創造一個吧。」於是年輕人成立了一家公司來開採金礦，並和銀行家、金融家及媒體記者接觸，大肆宣傳此家公司新上市的股票。

不久，所有人都在談論多娜谷通卡，探險家、淘金客和生活不順遂的人，成群結隊地來到這位地理學教授描寫的黃金礦脈所在地，開始工作。儘管他們還沒找到黃金，但還是得安排生活起居，於是他們建造小木屋來住，後來小木屋變成水泥屋，最後就形成了一個小城市。這部戲的最後一幕是，這裡的居民正在慶祝他們來到多娜谷通卡的第十個週年紀念。城市裡的所有事物都完美地運作著。當他們正在為一項雕像揭幕時，通知拉脫哈德教授獲選成為科學院院士的電報剛好送到。

歐洲此時正狂熱地為一九九二年做準備，投入大量資金建設，一九九二年後，這個區域市場會是什麼樣子？經濟學者分析，誰將會是最大的受益者？答案是除了悲觀主義者外，其他人都可以在這個區域市場獲利。

我說過不下十次，我們正走向世界性的經濟起飛，而且將是目前這一世代尚未體驗過的大繁榮。我很希望能見證這個預言。

如果我能回到七十歲時的年輕，我希望能擊敗那些天生悲觀的人。一九八七年後的三年間就印證了投資人一定可以賺大錢的說法。但若想成為股市大師，則至少得花上四十年。

根據一項傳說，荷蘭移民曾在新阿姆斯特丹（現稱為紐約或曼哈頓）建築一道圍牆防禦印第安人攻擊。我想，重新在原來的位置（現稱為華爾街）再築一道高牆，應該是不錯的主意。這面新牆的目的是要防止數百萬幾近瘋狂的賭徒進來攪亂金融市場。

自一九八七年十月十九日股災發生以來，政客、學者及股市官方機構一直在討論，要如何避免同樣的慘劇再度發生。無奈學者和政客沒有足夠的相關經驗，無助於他們在討論時切入問題的核心。

多年的股市生涯給我勇氣提出建議，來改革指數期貨的交易業務，對我而言，這無庸置疑是引起一九八七年十月十九日崩盤的起因。在我說明這項建議之前，我想先解釋什麼是程式交易，以及電腦在金融事件中所扮演的角色。

小湯姆・華森（Thomas Watson Jr.）是ＩＢＭ電腦的創辦人，如果他知道今日電腦要為所有金融市場中的禍事負責，一定死不瞑目吧！這句話當然是在瞎扯，電腦跟這些禍事根本毫無干係。

人腦vs.電腦

電腦所做的事，即使投資經理人沒有電腦也可以做到，電腦就和人們吃到臭魚時所用的餐具一樣無辜。問題是出在那條臭魚上，而非叉子。電子資料處理系統只是在執行丟進去的資料，若進去的是垃圾，出來的當然還是垃圾。

電腦可以是一項重要的輔助工具，例如提供資訊。當我們想了解某一公司的資產負債表時，透過電腦就可以最簡單的方式得到相關資料。但若在二十年前，我們就必須在圖書館花很長的時間反覆搜尋，才能找到所需的資料。電腦可以幫助我們隨時調閱過去所有資料或是某一年度的相關資料。但是電腦不能預測未來的事，也不能代替投資人思考。

什麼是程式交易？又會帶來什麼問題？基本上，這和以最快速度「停損」有關。停損是一種限制損失範圍的方法，也就是立即出售股票。相反地，當股市行情上漲時，程式交易可以在股價進一步上漲前，搶先買進股票。這種方法源自於一九二〇年代的華爾街股市。當時股票市場異常熱絡，正處於上漲狂飆階段，有如今日股市一般，像一座危險的熱帶叢林。只要投資人繳交一〇％的保證金，股票經紀商就會接受委託單，進行股票交易。

例如，一筆十萬美元的買進交易，客戶只要拿出一萬美元，同時發出一道停損委賣指令，這道指令指定在行情下跌例如二％時自動生效。如此一來，因為一〇％的保證金可以吸收五天每日二%的行情疲軟，所以當一半的保證金已經抵銷因行情下跌而產生的虧損時，股票經紀商還不需要向客戶追繳保證金。

現在的華爾街金童，已和一九二九年時大不相同，現在他們完全不在乎保證金或擔保品，因為所有的風險由他們所屬的證券信託機構承擔了。他們不會用腦筋思考，商學院並沒有教這個，他們只是預先設定證券在某一個行情指數自動買進或賣出，而且他們還依據一些沒有意義的技術線圖來決定證券交易操作。

現在，對金童而言，停損委賣指令是一項證券操作利器，他們遵照一位股市老玩家的格言進行證券操作：「已經下跌的股票還會跌得更深；已經上漲的股票還會衝得更高。」因此他們稱這種作法為「停損」。於是不管是什麼樣的情況，只要股市行情來到某一點，證券就會賣出，不能超過指定的行情。例如某檔股票的目前行情是一百，而輸入電腦的停損價格是九十。那麼不難想像，如果有一萬個投資人的停損價格都是九十，就會有賣壓湧現，而行情就會下跌。而且持續賣壓還會將行情逼至八十五。然後新的停損價格變成八十五，但這個設定又會讓行情跌至八十。於是，最新的停損價格便來到八十，情況就是這麼發展。結果是行情出現重挫，投資大眾的心理也陷入恐慌。

電腦在程式交易中所扮演的角色，只是登錄和執行指令。假設行情或指數跌了幾個百分點，電腦就會遵循投資人所下的指令，自動將證券或指數期貨合約掛單賣出。行情跌得愈多，賣得也就愈多。相反的情況也是一樣，當股市行情到了某一個高度後，電腦會自動幫你買某某張的股票，但行情若在指定的價位以下，電腦便不會執行。

我承認，程式交易在某些情況下也許可以提供一些幫助。但是，現在的投資經理人根本不用頭腦思考，只是一味用電腦來決定投資策略。我認為，是他們，而非電腦，應該為恐慌性賣壓和證券的賤價拋售負起最大的責任。

這種停損賣壓在一九八七年和一九八九年的十月間引起投資恐慌，也許是因為交易商也很迷信，想在一九八九年最後一個十三號黑色星期五（在十月），同時將所有持股賣掉。隔天你就可以看見同一批投資人下停損委託單，以免市場再次上漲。

如果這些委託單早幾天以口頭或書面方式轉交給證券經紀人，結果還是一樣。程式交易不是一項新的制度，也不是所謂的股市革新，只是建立在許多股市玩家都有的這一項原則：「放任獲利成長，限制損失範圍。」

有很多人贊成這個原則，但這純粹是個人的喜好問題。早期我也曾一度相信這個理論，可是，當時的我只能算是股市的賭徒而已。之後我從實際的股市操作中學習很多，也繳了很多「學費」。現在我是股票長期投機和投資者，長達七十年的經驗告訴我，只有長期的反週期操作才能在股市中賺大錢。使用程式交易有時獲利、有時虧損，但絕不能破產。

誰需要思考

華爾街金童不只利用程式交易進行金融市場的投資買賣，而且還隨媒體的新聞做投資反應。一家證券經紀公司的交易員告訴我，在發布美國貿易逆差的消息前，他一直接到指令，如果逆差高於上個月，立刻掛單賣出上千張股票。

順帶一提，債券市場幾十年前就開始運用電腦協助計算。大保險公司也是根據電腦計算所得的收益買賣債券。投資人在任何時間都不需要思考，因為所有資料早就顯示在電腦螢幕上了。因此，所有投資人的投資行徑都是那麼歇斯底里，沒有人會經過一夜未眠的深思熟慮，才決定該如何行動。

一天的指數期貨合約交易額可以高達兩百七十億美金，但在股票市場中真正買賣股票的交易額卻只有一百億左右美金，而且是由芝加哥的期貨交易帶動指數大漲，而非由華爾街的股票交易創造出行情。指數在一天內來回震盪，也愈來愈歇斯底里，但是影響未來走勢的因素和外在環境根本沒有任何變化。

我對改革指數期貨交易的建議如下：不能廢除限制指數期貨交易，而要禁止配合華爾街股市交易時間的交易。指數期貨的買賣應該依據華爾街股市收盤價。另外，還要和倫敦的黃金交易市場一樣，規定當日的單位交易價格要相同。在倫敦黃金交易市場，黃金的交易根據一個固定價格每日只結算兩次。

這樣的方式不是什麼新作法，早在二次世界大戰前，我們就會在咖啡館內打賭當天晚上道瓊的收盤指數。預先的交易（也就是事先的打賭）會引起投資人歇斯底里，然後傳染到華爾街股市。我不知道，實行我的建議後，投資人是否就能因此擺脫人類的愚蠢，但我能肯定的是，如此一來必能為投資人歇斯底里的投資踩煞車。

如此作法必定會使股票經紀人損失好幾百萬的佣金，但肯定有利於投資大眾，就像我們對尼古丁所採取的限制會為菸草商帶來損失。我想在國會聽證會裡提出建議，但也相信絕不會被認真考慮。因為該死的股票經紀人有一個足以阻擋任何有損他們佣金的遊說團體。

交易員充其量只是個懂得利用電腦程式交易、不需花腦筋的辦事員；但是身為投機者就必須是個用腦思考的人，還要懂得和電腦及發神經的股票族保持距離。ＩＢＭ創辦人小湯姆・華森對於電腦阻止人類思考、甚至剝奪人類思考能力，必定會十分愧疚而不安吧。

不然為什麼他會規定所有員工的桌上要放一塊有著「Think」字樣的銅製裝飾品？

上次在漢諾威電子展（CEBIT-Messe in Hannover）時，我在裡面到處參觀，並在ＩＢＭ的攤位上遇到他們的總裁。他認出我來，並問：「科斯托蘭尼先生，需要我為您介紹什麼嗎？您對什麼東西最感到興趣？」我回他：「電腦，一台可以算出明天股市行情的電腦，至於其他的事，我已經有一台個人電腦可以幫我達成。」他想知道我的個人電腦是哪一型，我告訴他：「我的頭腦就是這台個人電腦，而且我要告訴你這台電腦是怎麼工作的。」於是我向他敘述一則聽來的小故事。

故事發生在十九世紀加利西亞（Galicia，位於西班牙）的一個小鎮，一名守夜人在市場廣場站崗，走進崗哨，他把長柄斧和燈籠放在身邊，開始打起盹來。突然，有一道刺眼的光線使他醒來。是什麼東西？他心裡想著，但眼睛還是閉著。然後他開始猜測，是街燈嗎？但十九世紀的加利西亞哪來的街燈？月亮嗎？他算了算，當時的月亮應該還只是新月。不可能，月光不會這麼亮。接著他把手伸了出去，外面正在下雨。星星的亮光也不可能讓他醒來。接著他這台「個人電腦」高速運轉，很快地把剛剛的想法逐一重新過濾一遍：不是街燈，不是月亮，也不是星星。「火！」這個字突然從腦子裡迸出來。

自從我告訴ＩＢＭ總裁這個故事後，他便經常邀請我去演講。當然，每次我都會把這則故事從頭再說一遍。

第8章 股市大師

在一九八七年十月十九日股市崩盤後，大眾的驚恐無疑是由股市大師所引起的，因為他們不斷地拿這次的事件和一九二九年的經濟大恐慌做比較。

一九二九年經濟大恐慌的預警是：高失業率、工廠倒閉、物資缺乏，失業的銀行家到街頭賣蘋果或是擦鞋。此種景象在低失業率及經濟全力發展的一九八七年，有可能發生嗎？

一九二九年時所有東西都在賣，卻沒有人買得起，但如今大型金融公司爭相搶著為各色各樣的企業上市，以高達數十億美元的出價擊敗對手，從經濟情況看來，一點也沒有金融危機或是經濟衰退的徵兆。

另外還有一點不同，現在世界經濟體系不再採行金本位制（Gold standard，紙幣有金或銀之支持，可兌換成黃金或白銀，本質上仍然屬於商品貨幣，貨幣發行銀行可以依照實際需要增加貨幣供應量）。十月二十日時，美國聯準會主席葛林斯班（Alan Greenspan）宣布，美國聯邦準備銀行一定會滿足市場上每一筆資金需求，所以我想現在已經沒有危險了。

此外，黃金價格並未如預期上漲，反而是國債的行情直往上衝，這是對此國家及其制度深具信心的一種表現。

各媒體終將發覺，所有的經濟學家又錯了。一九八七年十一月初，也就是崩盤不久後，來自世界各地的三十三個教授齊聚於華盛頓，在研討會中，他們提出了對世界經濟最悲觀、最誇張的預測。之後，我馬上寫道：「三十三位教授，哦，這真壯觀，你們註定要失敗。」

《明鏡》（*Der Spiegel*）週刊的一位記者針對我的樂觀主義做了如此回應：「我還是堅持我對世界經濟的負面評估。我無法理解像安德烈・科斯托蘭尼這樣『所謂的股市專家』，怎麼會對世界經濟提出正面看法的預言。」他的文章讓我覺得好笑，尤其是用到了「所謂的股市專家」這幾個字，不知他是否知道「股市大師」或「股市教父」的頭銜唾手可得？

垃圾債券

「垃圾債券」（Junkbonds）在華爾街流行多年，垃圾債券原本是指二次世界大戰時及之後的德國、義大利、日本的債券，和再過幾十年後的沙俄、中國股票及許多類似的證券。這些債券及股票看起來好像沒有分配股利的希望。但我常常冒險從中挑選「可靠的」垃圾債券投資，也真的從二次世界大戰後的德國及義大利債券中賺了一筆錢。兩年前我也曾考慮是否要持有一定比例的舊蘇俄國家債券。

在美國有一種公司專門發行這種垃圾債券，這種公司借助這些債券籌資，收購被投資大眾低估市值的企業。這種新型債券與一般穩當的投資不同，否則投資報酬率就不會高達一六％到一八％，投資人雖然必須自行承擔風險，但有可能從中得到巨大獲利，因為這種債券的利息收益，比最高評等的政府公債還要高出約八％到一〇％。

在某種程度上，這種投資有成功的可能，同時也必須承擔風險，這意味著與被收購的企業命運相結合。而其風險在於，被收購的企業現金流（資金流入）可能不足以支付利息，最糟糕的情況便是發行公司破產。若是如此，垃圾債券的債權人（即購買債券的投資人）就得接受延期償還或是降低利息。

發行垃圾債券公司陷入經營困難時，還有一個解決辦法：將發行的債券轉換成股票，就因為這個作法，直到今天，只有少數垃圾債券發行公司真的破產。

在資本主義中沒有無風險的獲利，若不是有一些冒險家拿自己的錢作為賭注，讓想像力自由發揮，就不會有蒸汽機的發明和今日的汽車或電腦，也不會有美國的摩天大樓、埃及的蘇伊士運河或其他的世界奇觀。世界就是一次探險，或者用現代話來說，是一項風險事業。

企業的起始：冒險

股份有限公司、股票發行公司、企業都有一個共同的起始，那就是冒險。

在哈德遜灣公司（Hudson Bay Company）第一次發行股票三百年後的今天，「Venture」（意指風險事業，冒險投資新創事業之意）一字又再度風行起來，最初是在華爾街流行，幾年後到了歐洲。這個字眼同時也是創投基金的一個強有力的廣告詞，也是新公司要發行股票時常用的字眼。

當今，德國對投資新創事業的行銷方式讓我充滿疑慮。只需瀏覽一下報紙的廣告頁，就可以見到最誘人的獲利承諾。過去二十五年，有太多「鯊魚」在所謂的新創事業投資中吞噬了好幾百萬萬人的錢。最近則是有一大批股票經紀人利用這個時髦字眼來胡作非為。

我們對這些投資風險必須要能夠處之泰然，因為沒有風險就不會有進步。投資本來就是不斷冒險，以前是這樣，將來也是這樣。這點當然不會妨礙我及我的同行夥伴，去分別出投資目標的良莠。

所以，與今日相當受歡迎的好幾百種新創事業投資相比，垃圾債券已不是「垃圾」。甚至連電信集團AT&T也已經決定，他們的退休基金要減少對績優股的投資並增加對風險事業的投資。很有可能因為新創事業的投資不在股市交易，而導致投資人無法看清楚股價損失多少。

風險是清楚可見的：在發生經濟危機，甚至是經濟蕭條時，垃圾債券便會陷入困境。於是公司的收購人無法以之前的合理價格賣出資產，以償還債權人的債務。

大多數的企業收購行動是看好未來經濟發展的一種投機行為，因此當被收購公司的負債維持不變時，其市值會大幅上漲。

我們也不要忘記，因為垃圾債券的利息比一般還要高，隨著一天一天過去，債券持有人會處於較有利的位置。大約四年後，當初的買價就可以複利的方式回收了。

金融市場的表現有時也會非常歇斯底里，從大型的收購案為整個公司債市場帶來的巨大震盪可見一斑。投資人對此所引發的恐懼是，其他大公司也可能會被收購，因而使得舊債券的債信走貶。

總之必須有買主，才會發生收購，這些買主假設美國聯準會絕不會允許美國發生經濟蕭條，因此會供給足夠的流動資金以穩定美國經濟。

恐慌製造者

過去十年，有不少的恐慌製造者，不斷預言世界經濟的末日即將來臨，其中一個便是我的好友、法蘭克福的前銀行家菲利普．馮．伯特曼（Philipp Freiherr von Bethmann），他以前經常在《法蘭克福匯報》（*Frankfurter Allgemeinen Zeitung*）刊登整頁的廣告，警告人們世界經濟即將全面崩潰。他的公開言論想必花了大把銀子，而《法蘭克福匯報》則因他的恐懼而得了一筆好生意。

大約五年前，我參加一個研討會，裡頭全是一些世界末日的預言家，他們一個個把情況描繪得愈來愈黑暗：「我們要思考，要如何才能離開這裡，把資產移往美國，讓資產得到保障。」後來，我真的受不了，便站起來，與鄰座的女士告別。她驚訝地問：「你已經想離開我們了？」我回答道：「不，我只是要離開這裡。」不幸的是，一位記者注意到了我對這件事的厭惡，並在《時代週刊》上寫出來。

羅伯特・普雷希特（Robert Prechter）是為人所熟知、漫天鬼扯的「股市大師」，三十多歲便以股市大師身分聞名全世界。一九八七年八月，他預言一九八八年道瓊指數會到三六八六點，就如同一位氣象學家預測在八月十五日時的氣溫會是攝氏二十五・四度一樣。十月股災發生後，普雷希特馬上將他的道瓊指數預測調低到一三〇〇點，幾個禮拜以後甚至降到四〇〇點。股市當然可能上下漲跌一千點，但是這些預言只能算是胡說八道。只要在混亂的時代，例如現在，這樣的「股市大師」就會如雨後春筍般紛紛冒出頭來。

另外，羅伯特・法雷爾（Robert Farrell）是美林證券的分析師，也是華爾街最受歡迎的股市觀察家。在一篇有關股市的技術面評論中，他寫道：「股市正準備往週期高點攀升，然後再下跌至谷底。但是也可能延續向上爬升的力道，到達一個出乎意料的高點。」這些人的評論就和以下敘述一樣不具任何意義：當公雞在糞堆上啼叫時，就表示會變天或維持原狀。

這使我想起約翰・皮爾朋特・摩根（John Pierpont Morgan，譯註：美國J・P・摩根公司的創辦人）的一番話，一九〇七年華爾街崩盤時，一個記者問他對未來股市發展的看法。他回答得十分簡潔，卻意味深長：「股市將會高低震盪。」如果我是他，我會再加上巴黎市徽上的一段話：「它搖擺，但永不墜落。」

股市大師吹噓的例子相當多，多到可以寫成另外一本書。

結論是，投機者應該永遠保持最高的警戒，來對抗這些算命家和預言家。但遺憾的是，大眾總是健忘的。而且，大師們所做的承諾愈大，投資大眾就愈容易輕信。大多數的人總是想，這次總該如大師們所說的那樣了吧。他們渴望有預言家，並擁護曾經一兩次成功預言股市的人成為股市大師。

至於政界、商界業內人士所做的預測，也往往不比那些自命為專家的人準確。三〇年代時，我常常到倫敦，那裡住著我另一位匈牙利朋友，也是我年輕時代最要好的朋友托馬斯・巴洛格（Thomas Balogh），他是工黨的經濟顧問。從巴洛格處我可以得到一些倫敦股市的內線消息，巴洛格是Falk & Co.（一家著名的國際財務公司，主要為顧客提供財務體系的檢測及稅務方面的協助）的分析師，這家公司的股東都是像凱因斯（John

Maynard Keynes）般赫赫有名的人物。凱因斯是我們那個年代最有名的經濟學家。弔詭的是，我透過朋友從這家公司得來的股市內線消息，沒有一則是正確的。

凱因斯倒是從投機操作中賺了一筆可觀的財富，在第一次世界大戰後，他投機印度盧布、法國法郎、德國馬克、義大利里拉，這些投資大都是放空操作。他的外匯投機相當成功，但是轉換到股市就不是這樣了。

最近有一位新的「股市大師」從美國政壇崛起，就是馬丁•費德斯坦（Martin Feldstein），他曾是雷根總統的智囊團之一，據說現在是布希總統的決策顧問。但我不相信這項傳聞，而且至今我也未見到證實這項傳聞的蛛絲馬跡。

為何我會這麼說？五年前，我曾和費德斯坦談過話，我問他，美國的石油進口量有多少。他搖搖頭，尷尬地回答，他真的一點都想不起來。

怎麼會這樣？外貿政策的權威竟然不知道石油進口量有多少。美國進口的石油可是占了石油總出口量的四分之一呢！

費德斯坦（他同時也是教授）應該會用到這個答案，以估量如何消除美國貿易逆差及國家預算赤字吧？依他的看法，美元應該要再貶十三個格羅森（Groschen，奧地利貨幣單位）以平衡貿易赤字。以他對美元的強烈抨擊，不如說他是美國出口業的遊說代表，因為美國出口業希望美元跌個不停。

若要我一一反駁費德斯坦的所有主張，那麼本書的頁數一定會暴增兩倍，所以，我只能在此打住。

創立樂觀主義學派

專門預測股市危機的「股市大師」，以經濟面的理由來解釋下跌的股市行情。

華爾街股市在伊拉克入侵科威特後劇烈向下探底。這一點也不令人意外，投機者、股票族或是交易員，對中東爆發的閃電戰，除了恐慌與驚恐外，還能有什麼反應？

正確地說，引爆這一歇斯底里的股市反應的，並不是海珊（Saddam Hussein），而是最新公布的美國失業率統計。當失業率從五・二％升至五・五％的消息在華爾街傳開時，山姆大叔的股票經紀人第一次神經緊繃起來。幾個月前，股市才因為另一個理由而重跌過：當時的失業率下降，但是他們認為，當經濟環境一片樂觀時，美國股市就要脫軌了。

這時美國股市的專家淪為統計資料的奴隸，有一天，他們更掉到極度悲觀的深淵中，理由是上揚的經濟景氣會使美國聯準會停止降息。隔天，他們又擔心，因為聽別人說經濟面不是那麼好。突然華爾街的股價就好像雪崩一樣。要是利率降了，同時又傳來企業的好消息，情況又會如何？

大多數的專家當然可以在一大早就知道要買或要賣，但是，人們真的有辦法在早上就計畫晚餐要吃多一點或少一點嗎？難道多吃或少吃，與胃口或是菜單上提供的餐點，一點關係也沒有嗎？

真正的專家是不會在意短期震盪，或中東獨裁者以及失業率統計。聰明的投機者也不會在意那些道瓊指數跌到三千點時便一副任人宰割的盤勢分析師。

道瓊指數曾經兩次來到二九九九・七五點。「當指數無法突破一個具有指標性的數字大關，就會再次下跌。」這是每個技術線圖分析師都知道的理論，這套說法和美國著名的股市指數走勢圖有異曲同工之妙。股市指數走勢圖其實只是一堆毫無意義的數字綜合而成的訊號，股市的三千點門檻就和一千點門檻、兩千點門檻一樣，不具有多大意義。

更重要的是，自一九二五年以來，很多中小型股的股價已經翻了百倍以上，而績優股也有二十五倍之多。

我要以最誠懇的態度來說，所有八年來不斷預測經濟崩潰的股市大師們的預言，都還未發生過。他們已迫不及待那天的來臨。到時他們會心滿意足地說：「我不是這樣說過嗎？」我的回答是：「不！」即使發生了伊拉克危機，他們的預言仍然是錯的。股市並不如這些人所講的那樣，相反的，甚至可能和一九三九年戰爭爆發時一樣，突然衝到高點。

大多數的美國證券經理人，都錯過了道瓊由一九〇〇點狂飆至三〇〇〇點的行情，自此之後，他們不斷想趕上指數行情，但指數老是比他們的動作還要快。現在華爾街的投機者只想在股市跌到谷底時再進場。

許多的股票經紀人也希望股市跌到低點，他們建議顧客不要因為害怕而買進，但之後總是會挨罵。此外，股票經紀人之間瀰漫著一股濃厚的悲觀氣氛，他們滿面愁容，因為他們當日的業績無法打平成本。每日一億五千萬的成交量是平衡赤字的最低要求，但是即使是這個數字，他們還是經常達不到。

於是「股市大師」在一九八七年十月股災發生之後，就預言會有如同一九二九年經濟蕭條時所引發的通貨緊縮。這些人這次談到通貨膨脹，他們的推論是，過熱的經濟一定會導致引發通貨膨脹的預期心理，通貨膨脹會使美國聯準會升息，而較高的利率則會讓股市下探底部。

現在，「股市大師」每天都毫不猶豫地將任何小事件解釋成即將發生通貨膨脹的前兆。失業率創新低，不好！很多新的工作機會，不好！出口貿易量上升，也不好！因為這些會讓經濟更熱而造成通貨膨脹。

這些片面的、短視的新聞分析，對股市完全沒有意義，因為投資人必須要有整體性的考量，眼光也要放遠。調高利率不表示利率一定會高過公司業績的獲利成長率。儘管高利率會發揮煞車的功用，但煞車所造成的行情下跌一定不會引起崩盤。而且，經濟已經能明顯感受到成長放緩，因為美國聯準會在過去一年裡持續緩緩提高利率，他們已穩穩掌握經濟發展狀況。

不斷嘮叨通貨膨脹的那些人也會自問，難道最好的避險工具不是黃金？在我眼裡，黃金根本就是毫無利用價值的資產。雖然黃金的價格相當低，但是現在蘇聯卻因為西方國家對其經濟抵制較為放鬆而不斷賣出黃金，以購買許多從前買不到的貨物。

雖然黃金的走勢如此低迷，但其行情有可能因某些政治事件而些許上揚，伊拉克入侵科威特便是影響金價走勢的一個事件。蘇聯利用這個機會，趁機在國際市場上大量拋售黃金。

那麼，當通貨膨脹緩慢進行時，什麼是最好的投資工具？

幾個禮拜前，我走過維也納的克恩滕大街（Kärntner Strasse），一九一九年時的記憶突然閃現腦海，有一天，一位因戰受傷的軍人撐著兩根拐杖站在某個街角，一串鞋帶捏在他的手裡（後來我才知道事實上只有一條）。這個軍人不斷地叫賣，許多老維也納人都還記得：「不是稻草，不是紙，是真的和平商品（譯註：指戰時的奢侈品，最有價值的東西）！」這段話讓我聯想到我想用來叫賣的一句：「不是黃金，不是白銀，真的是和平商品：股票！」

世上有一個由教授、經濟學家、經濟專家所組成的悲觀學派，他們與股災預言家、天性悲觀者、銀行危機、利率災難和其他悲慘的事物連結在一起。在此我要宣布，我將成立一個反專家的樂觀主義學派，隨時歡迎任何人加入。

第9章 投機的世界

有一則對證交所的定義是：「沒有音樂的蒙地卡羅。」對此，我必須提出抗議。夏天時，我住在離蒙地卡羅只有幾分鐘路程的法國里維拉（Riviera）。只要偶爾心血來潮，想要有一點證交所的氣氛時，我一定不會去蒙地卡羅。

可憐的蒙地卡羅，幾百個老先生和老太太，試著用一些籌碼維持生活所需。現在我只要想到每天在紐約證交所買賣的上百萬股票，這個可悲的景象就形成強烈對比。

這是真的，很多玩家在華爾街就是如此處理他們的金錢，就好像證交所是個大型賭場一樣。證交所的遊戲讓資本流動，在利潤的誘惑下，吸引了上百萬小資本家的資金和存款。如果交易所的投機活動沒有達到數十億規模，哪來十九世紀的鐵路，哪來二十世紀的汽車、電子、電腦及其他革命性的活動？即使有時瘋狂的交易所活動導致巨大的股災，但廢墟也總會產生一個不可思議的新工業。以一句話來說明：投機者是經濟的寄生蟲，扮演著特殊的角色。

我曾經短暫地在交易所內欣賞如詩如畫的表演，但不是在蒙地卡羅，而是巴黎。華爾街著名的經紀公司在布洛涅森林舉行了高級社交晚會，慶祝一百週年，七百個交易所玩家和投機者被邀請參加。來自紐約的高級合夥人，向巴黎的高層投機者問候之後，便翩翩起舞。在三種管弦樂器的齊奏之下，交易所內男女雙雙跳舞，直到黎明。我真的玩得很開心，用勺子吃的魚子醬，最優質的香檳、異國風味的水果、美麗優雅的花籃、戴著白色假髮的侍者，所有的一切是那麼美好和隆重。

此時一位戴著閃耀轉石的年輕女士試著從鄰桌那兒得知可靠的交易所訊息，為的是能在明年冬天訂購一件新的貂皮大衣；一個抽著菸的胖紳士和同事談論著，而他的腦中早就計畫，如何用獲得的利潤蓋一座游泳池。「我把新遊艇取名為『波音』，」我的老朋友對我說：「因為我買遊艇的錢是從投資波音而來的。我買進波音幾個月後，就賣了，股票竟然增值了好幾倍。」人們說著各種語言，在場有各式各樣的人種：盎格魯撒克遜人、亞美尼亞人、俄羅斯人和中國人。他們是華爾街最精明、最成功的經營者。

那是個在美金標誌下的夜晚，是和平共存的最好象徵，也是個比在蒙地卡羅更有趣、更有聲有色的夜晚。

熱帶叢林

七十年來，我生活在一個有如動物園的世界。我有很多朋友：貴族的後裔、知識分子、扒手和小偷、像大財主般的有錢人，以及如教堂老鼠般的窮苦人家。有各式各樣的股市玩家，有交易所藝術的博士，有當沖甚至每小時、每分鐘交易的玩家。有業餘愛好者、半業餘愛好者，也有狡猾的投機者等等。

另外還有一群技術人員：銀行家和職員、經紀人、稽核員、匯款員、代理人，一貧如洗的投資顧問，與其說他的職業是財產管理者，不如說是吸塵器推銷員來得貼切，還有一群透過交易所或者是以交易所的事務、手續費、佣金維生的人。

最重要的人物是「套牢的人」、「放空的禿鷹」，及其他的梟類，他們聚居在這個我七十年來所生存的世界。經過這麼漫長的時間，我可以從這個交易所動物園，得到一些樂趣，年輕的一輩甚至可以幸運地從中得到好處。

交易所是個彩色世界，一座弱肉強食的熱帶叢林。有放空投機者和買進投機者，或者像盎格魯撒克遜人的描述——熊和牛。

公牛是投機者的象徵，在前面當前鋒，以牠的牛角把所有東西拋到高處，當然，最重要的是行情。放空投機者是獵人，在捕到熊之前，就先賣了獸皮，他很可能碰不到熊，所以早先賣出的獸皮必須再買回來，便造成損失。

在世界上所有的交易所，牛都不希望看到熊，而熊也不希望有牛存在，兩者的世界觀基本上是非常不同的，對於經濟或政治事件，他們從未有一致的想法。放空投機者悲觀評論著每條新聞，而買進投機者卻下了樂觀評斷。

只要我有機會和交易所的投機者交談十分鐘，就可以判斷他是買進還是放空的投機者，因為交談中沒有一刻會離開交易所主題，我的「交易所心理分析」便可以快速判定出來。只要兩個投機者碰面，他們不會問：「您最近好嗎？」一定是：「您認為市場情況如何？」

投機者是隻相當引人注目的梟，他們的動機各有不同，一個典型的「聰明的投機者」代表是眾所皆知的維克托・里昂（Victor Lyon），在交易圈裡大家稱他「吸血鬼」。他以掌握秘密情報出名，只要他知道有幾百萬人投入買進投機時，他就開始做放空投機。他總是一再重複說：市場上的技術狀態是決定性的，只要所有的股票被「猶豫的人」持有，就一定會有經濟危機。而他總是對的。維克托・里昂常說：「我在熊市一天的放空投機，賺到的錢比三十天的上漲行情更多。」

除了以「才智」支撐投機的投機者，也有心理層面的放空投機者，這類投機者純粹是出於個人心理因素：對錢的高估，或是受胃病之苦而總是心情不好，所以也不可能成為買進投機者。

牛和熊的對立

我在交易所的第一個客戶，就是一個「心理影響生理」的放空投機者。交易所顧問古斯塔夫・霍夫曼（Gustav Hofmann），是我父親的好朋友，雖然他自稱為銀行家，但是他唯一的客戶卻是自己。基本上霍夫曼做的是放空投機。有一天他到巴黎訪查，我帶他去證交所做一些說明。那時行情很穩定，他問我，巴黎的行情如何。我把行情告訴他，他當時的回答是：「太高了，這行情真是草率。」

牛和熊在經濟上的利益正好相反，然而競爭的結果並不取決於兩者的強壯與否，而是如上所述，取決於很多政治、經濟及心理的因素，取決於不同形式中無法估量的事物。

牛完全不能想像行情下跌的情況，在他們看來，行情上漲是很正常和理所當然的，他們認為行情不可能下跌。相反的，熊追求的是一種近乎變態的痛苦，熊曾被一位交易所詩人用以下的詩句來定義：「放空投機者會被上帝唾棄，因為他追求的是別人的錢財！」這樣說也對，因為當其他人蒙受股票行情下跌的損失時，他就可以從中獲利，而買進投機者是經由企業發展使股票的行情成長來獲取利潤，從中不會造成任何損失。當其他人怨聲載道時，就是放空投機者歡欣鼓舞的時刻。根據經驗，一百個交易所玩家中，只有五個是放空投機者。

另一方面，梟並不在乎牛和熊所做的事，他們有自己的世界，是理論上的玩家。這類人在腦中進行買和賣，把獲利和損失記在腦中，皮夾裡則完全看不出絲毫痕跡。但是當這些玩家獲得理論上的利益時，他們是快樂的。

至於只在星期五買股票的週末玩家，他們確信大家會在樂觀的週末過後，星期一做出買進的決定。但至今我還未發現他們之中有百萬富翁。另一類只從事於破產公司股票買賣的人，交易所的行話稱他們為「潮濕的腳」，他們認為一定會有奇蹟發生，可能發生在這裡或那裡。

各個玩家的胃口皆不同，有知足常樂者，也有謹慎小心者，也有只想鴻運當頭，有野心的投機者，他們宣稱：「對小小利潤過度看重的人，不配獲得龐大利潤。」他們說得對，在證券市場上投機，至少要有獲得，所以虔誠的猶太人（猶太人禁止吃豬肉）早就有這種說法：「如果是塊豬肉，就得是塊滴著油的豬肉。」

可惜大部分的交易者都有個壞習慣，當他們的股票上漲了一些些，就到處吹噓，得到利潤就大肆宣揚，有了損失就沉默不語。他們預言所有的行情，並一再重複：「我早就告訴過你了！」他們總是買在最低點，賣在最高價，認為自己是天才，但我認為他們是騙子。

很多的經紀人也同樣是吹牛大王，他們大手大腳地過日子，住豪宅，為的就是向全世界證明：看，我多麼有成就啊！

最後，我們可以如剛開始所提到的，把整個交易所動物園簡化成兩種基本類型：

悲觀主義者、放高利貸的人，吝嗇鬼、患有胃病、心情不好的人，這是天生的放空投機者。

樂觀主義者，膽子大、冒險家、浪費者，以及輕率的、見樹不見林的浪漫主義者（他們仍有可能輸錢），這些是買進投機者的特徵。

獨立思想家

買進和放空投機者，熊和牛，兩者皆是投機者。但只有少數人配得上這樣的稱號，他們獲得利潤，也可能破產，都和交易所息息相關。他們從事冒險，同時也冒著自身安危的風險。

投機者真的不是一般平民的職業，不如說是一種天職，投機者有他經濟上的合理性，而且是為自由資本主義服務，即使他並沒有對國民生產毛額做出貢獻。他介於投資者和證券玩家之間，而且似乎是兩者的混合體；投機者是必要的金錢推手，總是在週期性的股價或行情波動時，做出適宜的投資。

這是多麼重要的人物啊！他是天生的投機者，如同天生的哲學家一樣，哪怕只是個小哲學家。投機者比其他人多的是想法，突如其來的念頭及遠見，不斷權衡他所面對的事情的利和弊，以歸納出結論，要買或是賣。如果他的估計正確，他就（從股市）得到報酬；如果估計錯誤，他就得付（股市）罰款，這是投機的本質。

我對「遠見」的理解是，這是一個特殊的、有獨特見解的想法，雖然剛開始看起來似乎不足為信，無法引起大眾交易的興趣，但是到後來卻變得千真萬確。

投機者需要經驗的累積，以便不斷憶起類似的情況，偉大的發明家愛迪生創造了這句話：「每個發明都是由一〇%的靈感，和九〇%的汗水組成。」轉到證券交易便是：九〇%須經由「流汗」而來的經驗。投機者幾乎是毫不費力地加減乘除。就像作家之於小說，作曲家之於主旋律，投機者靠的是他的想法來行事。在找到旋律後，再給予大致的形式，調和音調及編成樂曲，就如指揮家引導出整首交響樂，銀行家在交易所進行其投機客戶的交易。

投機者對他的業務，必須知道什麼呢？法國政治家和作家赫里歐（Edouard Herriot）曾經說過：「文化是當人們已經遺忘所有時，唯一保存下來的東西。」證券交易知識也是如此，是一個人漸漸忘記一些細節、資產負債表、紅利、年報以及統計後，所留下來的東西。匈牙利的諺語也適用：「一個好牧師會一直學習，直到生命的最後一天。」

投機者不是一本百科全書，但他必須在關鍵時刻觀察出相關性，並做出適宜的處置。他不必知道太多，但要通盤了解。簡單來說，他必須是個思想家。

這是多麼高貴的工作啊！沒有職員、沒有老闆，不用強顏歡笑，不用來回奔波，更不必像銀行家或經紀人應付身邊容易緊張的顧客。一個可以自由掌控自己時間的貴族，享受被雪茄煙霧繚繞，舒服地坐在沙發上思考，遠離那些唯利是圖者的喧囂。他的工具是：電話、收音機和報紙。

投機者的職涯沒有什麼值得大驚小怪，就像一個無知的少女，有時也會從事人類最古老的職業：剛開始是好奇，然後是玩樂甚至激情，最後是貪財。很慶幸的，我只晉升到第二個階段。證券交易對我來說仍然充滿激情。

第10章　股市及政治

投資人不該受自己政治觀點的影響。經驗告訴我們，很多股票族只因僵化頑固的政治立場而失去大好機會。

全世界的大部分股市專家從一開始就不受干擾，不會過度強調政治理念，他們對所有事件的觀點都基於自身在股票市場的風險，我的一位朋友就是典型的例子。政府的每一個新決策、每一條新法規，只要是對他的投資不利，他馬上稱之為愚蠢且不道德：「政府是最大的罪犯。」反之，若是法規正合他的意，就是明智並符合道德規範。他會說：「政府英明！」

有時我被問及投資人是否要有道德上的考量，我認為這要看情況而定，要看是基於人道立場還是和立法上的道德有關。許多投機者認為法律是不道德的，尤其是實行外匯管制的國家。我曾經認識一位從維也納來到巴黎的投機者。他在咖啡館裡問同事的第一個問題是：「請告訴我，巴黎有禁止什麼事？」在那個時代，最大的利潤就來自巧妙規避法律規範的複雜交易。基於人道立場，我認為在某些重要原物料如棉花或是糧食方面投機，是絕對不道德的，因為這些股票和人民的利益有衝突。

先有錢，才有音樂

布萊希特曾說：「先有美食，才有道德」。以我而言，是「先有錢，才有音樂。」我深愛的音樂排在錢的後面，現在我想懺悔一下，我未完成音樂基金會的理想，那是一次投機的犧牲品。

二次大戰末期，我搶購了一些貶值的國家或地方公債，我堅信經過一場混亂之後，一切都會恢復正常。在這些債務團體中，有些很快就履行償還的義務，有些則經過長期催款，不得不付清債務。在這些不良債券中包括法國政府債券，我就對它覬覦已久。在沒有任何法律根據的情況下，法國政府不願意兌現這筆公債，只願意付清那些還在原始認購者名下的債券。法國政府想要阻止以賤價收購這些債券的投機者獲利。這個立場雖然可以說符合一般道德，卻與股市道德有所衝突。

股市認為，收購這些價格跌到谷底的票券，是在做好事。為什麼要懲罰那些以賤價收購證券、並對未來價格走勢有正確判斷的投機者？這裡就有個例子。

於是我買了幾公斤不值錢的債券，同時也訂下計畫，這次的投資不是為了我的荷包，而是為了美妙的音樂。我要求法國政府支付全額的票面價格，但為了要證明我不是個唯利是圖的投資人，我要把所有利潤捐獻給一個理想：成立促進法國音樂發展的基金會。

當我以票面價極小部分的價格收購時，總額已經足夠為音樂做一些事了。同時，我的名字也能鏤刻在某個金牌上。或者我也能用這筆基金的利息捐個科斯托蘭尼獎。想到約莫一百年後，每年都有作品得到科獎的表揚，這會是多麼崇高的感受！

我訂定詳盡的計畫，聽取那些欣賞這個計畫的專家和人們的建議。我開始夢想我的基金會。是啊，人人都可成為股票族，但不是每個人都可成為音樂家。在命運不讓我成為音樂家時，至少在音樂史中我可以贊助者留名，多麼完美的計畫啊！但是股市又一次與我的計畫背道而行。

我在財政局的辦公室闡明基金會計畫時，同一幢大樓裡某些負責的先生們正在談論信譽、債務人的承諾等等。突然他們下了個出人意料的決定，法國政府將全額償還所有債券，不論持有對象是原始認購者或是新持有人。我這幾公斤的債券將以全額面值償付，只要到櫃台辦理就行了。但是我太愛錢了。這下就是要我從自己的口袋捐出一大筆錢。我雖然狂熱喜愛音樂，但我更是個精明的投機者，而且終究不是天使，於是音樂基金會只剩下三個音符：Do、Re、Mi。

政治vs.股市

股市和外匯市場一邊，政治和經濟在另一邊，像是相對的兩個半球。而且很明顯的，這兩個領域間具有各式各樣的依存關係，就好像在一個系統內存有溝通管道一般。人們常問是哪一邊影響哪一邊；是政治和經濟影響股市情緒，還是金融市場的心理狀態影響了社會？

歸根究柢這是個雞與蛋的問題，當然國家政治對股市有極大的影響，利率、信貸和稅務政策都由政府決定。政治風向（向左或向右）影響了投資人心理及企業的未來，國際局勢也對股市有強烈影響。世界的情勢（緊張或平和）影響了大眾的心理，國際間的發展左右了整體產業、國家的國際收支差額，還有國際貿易協定等等。伊拉克危機就是一例。

但是，如同我說過的，股票族會根據他們對事件的心理態度而選擇看多或看空。我聽過一個小故事，正好可以解釋這種股市和政治間的複雜關係。

有個股市老狐狸和幾個客戶舒適地坐在一起閒聊，有人提出了一個問題：「我一直想知道，到底多頭市場和空頭市場是怎麼形成的？」

這位老狐狸開始解釋：「我舉個例子，幾十年前，有一天報紙報導，一位年輕英俊的蘇格蘭王子和一位迷人的西班牙公主訂下婚約。全世界都對這對可人兒著迷，隨後對他們的婚約打探更多消息，也密切關注他們之間羅曼史的發展。這件事在大眾之間引燃正面的情緒，也感染了歐洲股市。股價行情持續上揚，許多投資人變得富有，有些人發大財，人們購屋、置產、投資，經濟一片繁榮。如此就有了多頭市場。」

所有在場的人都點頭贊同，他們記起這段父母曾訴說的黃金時光。這個股市老狐狸繼續說故事：「但是有一天，雙方王室傳出了令人意想不到的壞消息；婚約破裂，王子和公主吵架分手了。這個令人震驚的消息引起了股市最大的危機，行情跌入無底洞，財產消失，有人自殺。這就是空頭市場。」

一陣震驚後的沉默，先前提出這個令人深思問題的人，終於打破沉寂說：「貴族的婚約和股市又有什麼關係？」股市老狐狸答道：「奇怪了，當我解釋多頭市場時，你倒沒問起這個。」

我曾說過：世界上最大的投機者是以政治家的價值買進，再以他自己的價格賣出。因為許多政治人物及負責國家經濟及財政決策的人，常常自我評價過高，所以他們不明白自己所發表的言論對大眾有何影響。如同伏爾泰曾這樣評價自己：「伏爾泰是很有力量，但是群眾更具有力量。」

此外，政治人物常常無法理解國際投機者的計謀，他們不了解投機者的想法及影響力，卻敢以未經深思的解釋及語意混淆的定義，鼓動投機交易。

只要任何一個負責當局拋出輕率的字眼，就有上千個大戶或小戶買入或賣出，不經考慮，常常還不合邏輯。過去幾年內這種投機交易愈來愈多，而且形勢猛烈，對經濟造成巨大傷害，甚至對大眾媒體也產生莫大的作用。

有個經典的例子：一九七七年夏天，美國財政部長布魯門塔（Michael Blumenthal）和德國總理施密特同時宣稱，不會對因經濟因素而對美元貶值進行任何干預。但如此的表示卻已對美元造成影響，而且是害得美元繼續貶值，即使在經濟面上毫無根據。

這項解釋是經過正確考量的，因為不進行干預正是匯率政策的原則，然而強調此事卻是不必要的。

從高層發出的這種暗示，就如同邀投機者跳舞，進而產生其他連鎖反應。傷害已然造成，連當時的經濟部長蘭多夫（Otto Graf Lambsdorff）在位時也發表了一個做作、賣弄聰明、多餘的聲明，他擔心石油和美元很快就會一樣價值一・五〇馬克。

這有什麼好處？這些聲明還油墨未乾，所有投資人就開始操作美元買賣，或是使美元貶值。政治人物應該要認識投資的機制及投資人的心理，可是他們卻滿足於用陳腔濫調來解釋行情及價格的變動，卻不去探討真正的原因。如此一來，不論是對原物料或是貨幣市場，都無法防止亂象發生。

事實上，政治人物應當比投機者更早採取行動，起碼管住自己的嘴。在所有股市及市場上，這是眾所皆知的道理；當投機者對一項商品、貨幣，或是有價證券行情持有或高或低的預期，或是經過大眾媒體說服後，投機者會大量買進或賣出，直到行情達到期待的價格為止。在這個瘋狂行動中沒有人會多加考慮，因為無人能脫離大眾心理。這些買某些商品的玩家，不只預見事件的發展，還預見人們會向他們搶購這些商品。

根據凱因斯的理論，這是預期的預期，稱為預期平方，而行情波動背離邏輯和經濟事實的結局就是崩盤。

那麼這些在位者究竟該採取什麼樣的措施，以防止愚蠢或是壞心眼的投機者所帶來的災害？有許多方法和可能。**過去匈牙利人說，最好的警察出身於賊。因此政治人物、財政部長或是央行總裁，身邊應該要有當過投機者的顧問。**

紅色腳踏車

成功的投機者必須是思考敏銳的政治分析家，和訓練有素的大眾心理學家，因為他同時要解開兩個謎題：政治事件及儲戶對政治事件的反應。針對某些事件，人們也許可以看出邏輯性的發展，但卻很難掌握儲戶的反應。如同我曾說過的：戰爭爆發時，我們常經歷行情一飛沖天的景況，也常見到同樣的消息使股價跌入谷底。古老的股市智慧：「聽到砲聲隆隆時買進，聽到琴聲悠揚時賣出」已不再適用；因為大家都知道的事，就不是股市智慧了。

當我還只是個孩童時，就已經體會到，投機不可以跟著新聞後面跑。

事情是這樣的：一九一四年夏天剛開始時的火藥味引發了實在的投機熱，人們投身於危險狀況下可能無法輸入匈牙利的商品上，因此外國商品的行情上揚。人們的投資包括香草、胡椒、丁香等等，尤其是酒椰葉，因為對匈牙利釀酒業而言，酒椰葉是不可或缺的。

我哥哥當時在一家大銀行當實習生，這家銀行專門從事原物料融資，他因此得到酒椰葉的相關消息。藉著跟一些朋友合夥和借貸，我哥哥向銀行買了一些合約。當時，價格已因投機潮而高漲了。

一開始，幸運之神似乎還眷顧酒椰葉。戰爭爆發，酒椰葉的價格就像飛箭般衝向高點。然而很快地，奧匈帝國的軍隊閃電般推進塞爾維亞內部，同時德軍也在東普魯士擊潰俄軍。三個由前線傳來的勝利消息使人們期待和平將至，一切將會恢復平常。酒椰葉的行情開始下滑，而我哥哥已經負債沉重，銀行一直催款，可惜大家的錢包都是空的。

我哥哥的臉拉長的時間愈來愈久，而且一天比一天嚴重。行情上升一點會讓他鬆一口氣，行情下跌三點會讓他跌入絕望中。我們大家都和他一起經歷這種不斷的跌宕起伏。來自前線的消息對我們很重要，同樣重要的是，這些消息對酒椰葉股市行情的作用。當哥哥意識到父親對他的求救聲充耳不聞時，他恐懼得發抖，連母親的勸說也沒能使父親動搖。哥哥因銀行催款而驚惶失措，甚而起了自殺念頭，可怕的陰影便籠罩全家。

最後父親終於意識到急迫性，他得知哥哥將此事看得很嚴重，而且攸關名譽，於是同意給哥哥這筆巨款。從此以後，酒椰葉在我們家是個禁忌話題。沒有發生悲劇，也沒有損及家庭名譽，而我，則得不到期盼已久的紅色腳踏車。

嚴重的投機危機才過沒多久，就傳來在馬恩河（Marne）及其他前線挫敗的消息，勝利的希望因而破滅，戰爭無望地持續下去。酒椰葉的行情再度攀升，但一切為時已晚。

故事終了，當時有關的人，我的父母親和哥哥早已過世，至於酒椰葉的投機對現在的我而言是微不足道（當時的預期利潤相當於今天在紐約吃一頓晚餐），但直到今天，我仍然深刻感受到當時的恐懼。

從狂熱中退場

我們已見識到政治事件如何決定股市的榮衰。反過來，股市發展也影響了經濟、政治，及社會。在股市過熱的時刻尤其顯著。

此時人們在社區的晚宴、雞尾酒會、議會的走廊上，到處談論股市，交流彼此對股票的分析意見，就是這個時候，當所有人都在談股市時，你就必須退出！

有個很好的例子，一九六一到六二年的冬天，紐約華爾街有如嘉年華會般，股票族的生活幸福美滿。當時的美國股市熱潮達到頂點，人們不需理解什麼就可以把荷包填滿，只要今天買進、明天賣出，或是明天買進、後天賣出。要是剛好逮到新發行的熱門股，就是命中靶心交上好運，新股發行在上午還只是十美元，到下午就價值二十或三十美元。人們只要認識經理人的太太的美髮師，就能成為新股發行的幸運持有者。

華爾街所有經紀人全力以赴，大約有三十萬名經紀人賣命工作著，上班時幾乎離不開電話機，因為任何一通電話就可能有五百到上千張的新發行股賣出。當然所有新發行股都是熱門股，甚至熱到使顧客燙傷手指。經紀人的人數似乎永遠都不夠，因此他們在媒體和報章雜誌上尋找更多夥伴。證券成交量逐日上升，每天都創新高。股票經紀公司夜以繼日的工作，他們對開發新顧客的饑渴似乎永不得滿足。

這幅景象令我回想起一九二九年時的誇張情緒，這種情緒是必要的，因為只有在如此狂熱中，才能把一切賣給大眾，不管是什麼空中樓閣企業，還是什麼月球房地產股票。繁榮景氣最終在一九六二年的崩盤中結束。

心理學和宣傳在景氣繁榮時刻扮演重要的角色。幾年前的德國也有過熱門的新發行股事件。一家休閒產業的公司首次公開發行，為了賣出新股票，發動大規模宣傳，還找來十分有名的公眾人物加入宣傳行列。可以預見這個股票的價格將會上漲數倍，於是乎市井小民跑遍一家又一家的銀行，只為了在這兒認購十張、那兒再認購十張，起碼可以買到一小部分，當時發行面額約莫為三百七十元。

後來這支股票以面額五百元上市，然而以這個價格還買不到股票。當行情超過一千時，大量的股票（絕大多數來自英國）湧入市場。突然間人們可以隨意認購這支股票，愛買多少都行，而德國人民也全買了，從前沒買到的，現在都打算要多買些放著，全都是心理因素使然。事實上銀行早就知道，這家公司虧損連連。然而銀行還是引導民眾繼續認購。銀行的用意當然是要出清庫存。所以我在演講中一再重複說明，不論任何情況，絕對不要跟隨銀行的暗示買賣。就像我常去的餐館，如果老闆推薦我點「時令牛肉」，我就知道他在廚房還有五份「存貨」要解決掉，所以我當然就不點這道菜了。

氣球總有脹破的時候，現在這家公司的股價只不過三百元。

之後有一回，我有機會當著這家銀行總裁的面，老實不客氣地引用華格納歌劇《紐倫堡的名歌手》裡的一句話：「說實話，你是所有無賴中最壞的一個！」

第11章　傻瓜的價值

約翰尼斯（Johannes）侯爵，一直是我最想見的人。私底下的他，完全不同於在公開場合中所給人的花花公子形象，其實他是一位非常聰明、博學、相當健談的人，談話機智過人，有時甚至語帶譏諷。有一次，他提出建議，想與我共同撰寫一本關於人性愚蠢的書。

亞伯特・漢（Albert Hahn）教授於我亦父亦友，他時常提醒我：「你不能低估人類的愚蠢。」

上天保佑！幸好在股市中有無數的傻瓜，如果沒有這些傻瓜，股市不知會變成什麼樣。我喜歡到證券交易所大廳，因為世界上沒有任何一個地方，可以讓我在這麼狹小的空間裡遇到這麼多傻瓜，而且他們隨時都精神緊繃。任何一位成功使股票從一〇〇美元上升到一一〇美元的人，就會以天才自居，此外，他也能料想到自己會有一筆豐厚的進帳。至於那些失敗的可憐人，就不知道要挨多少耳光，忍受多少折磨了。

對投機者來說，多聽、多了解他們是很重要的，就好比時常關心與分析全世界的經濟事件一樣；也如同一位優秀的紙牌玩家，必須熟悉搭檔的思路。投機者從別人的愚蠢中所獲得的利益，往往比靠自己智慧得來的多，人們可以從別人的愚蠢中學習，尤其是如何不重蹈覆轍。

你們都是傻瓜

卡爾・法卡斯（Karl Farkas）是一位維也納小型表演場的著名節目主持人，有一天晚上在舞台上一本正經地說：「你們都是傻瓜。」沒想到觀眾卻哄堂大笑。我希望有一天，也能在自己的證券交易大廳上這樣說，不過，觀眾一定不會笑，因為我的同行大都是自視甚高、自以為聰明的傢伙。

股票經紀人總是認為，儘管同事不見得比他聰明，但往往可以獲得比自己更多的消息、資訊。對這種心態，我想以發生在二次世界大戰之後的一則故事加以說明。

由於外匯短缺，當時法國對於外匯有非常嚴格的規定，所有的法國人必須將外國資產存入由國家監管的銀行帳戶。只有在國外賣不掉、無法帶來外匯的無足輕重股票和不良債券才不被列入監管名單。

另一方面，政府對輸入外國有價證券，也有一套非常嚴格的配額限制，人們無法向巴黎引進國外的價券，除非他們輸出其他同等金額的有價證券來獲得相同價值的外匯。

當時在法國石油股是極具收藏價值的證券，尤其是荷蘭皇家（Royal Dutch）石油的股票，為了引進荷蘭皇家股票，輸出其他同等數額的外國價券是必要的。

這時，未列入監管名單的日本債券突然被注意到，事實上，法國和日本之間毫無關係。日本債券，這個幾乎被遺忘的名詞，即使在日本國內也只有少數人知道，更別提在國外，知道的人是少之又少。

但是突然間，日本債券出現在瑞士，就像從潘朵拉的盒子裡冒出來一樣。無數吃驚的觀察家親眼目睹日本債券如何不斷流進市場的過程，不過就是沒有人知道原因何在。

瑞士人是買家的謠言，一直不斷地在巴黎市場上流傳著；事實上，是在國際套利的法國銀行拚命購買日本債券，消息靈通人士也了解，這是為了在瑞士轉賣股票的手段之一。

另一方面，瑞士也流傳著巴黎人是買家的謠言；實際上，不斷買進的是瑞士套利銀行，消息靈通人士也很清楚，這是為了在巴黎轉賣股票的伎倆。

巴黎的人們不斷竊竊私語，瑞士人知道一個可能與日本協商的計畫；而瑞士人也認為，法國人有關於與日本協商的有利消息。儘管事情尚在醞釀之中，但是所有人卻彷彿有共識一般。

一些門外漢、小額交易者當然不甘於平靜，想盡辦法要刺探情報，而且密切注意事情的演變。由於消息不斷被炒熱，於是行情便逐漸上升，直到超越理性的界線。

位在遠東的日本呢？一點動靜也沒有，根本沒有任何所謂的協商。真相在哪裡？而秘密又是什麼？事實是，當法國市場想設法得到荷蘭皇家的股票時，套利者便搶先在瑞士股市購買股票，以便之後能在巴黎賣出獲利。這是一種完全合法的操作，人們可以用外匯來支付，條件是這些外匯來自於賣出一項外國資產，是從巴黎出口至瑞士的。

所以大家必須找到一項外國資產，既可以在巴黎買到，又可以在沒有損失之下在瑞士賣掉。「日本債券」因此脫穎而出。人們可以在法國買到任何數量的日本債券，且公開地在瑞士賣掉。

為什麼？很簡單，因為其他的套利者在瑞士買日本債券，然後將之寄到法國，在巴黎證交所販賣；他們以等值的法國法郎在瑞士的黑市購買外匯，為的就是支付在瑞士買的債券。因此，這些相同的債券便可以不斷地在法國與瑞士間往返。大型套利銀行把這些「日本債券」從巴黎寄往蘇黎世，然後黑市的套利者再把數量完全相同的債券寄回巴黎。即使從巴黎到瑞士的旅程沒有違反法律，但從瑞士返回巴黎的旅程無疑是不道德的……。按照邏輯推論，如果雙方一直照此演進，一點也不會影響匯率行情，因為在天平的兩端一直是數量相同的債券。

不過，當有些人看出在大宗交易裡潛藏著利潤時，便開始破壞這個均衡，一邊秤盤放入一磅，另一邊只放入幾克，債券便如失衡的天平般開始傾斜。

這種情形一直持續下去，直到有一天，日本與債券持有人和投機者達成協議，協商結果幾乎無利可圖，因此行情大跌五〇%。

有些人一直以為同事知道的比自己還多，這則故事，可以說是最好的一課，或許吧，人們總是幻想著鄰居的草坪比自己的更綠。

博學的笨蛋

為什麼有這麼多年輕人念經濟，尤其是在德國？答案很簡單，他們需要在名片上冠上經濟學學士的職銜。大公司及銀行特別喜歡任用這類畢業生，因為頂著經濟學學士的光環，就彷彿證明他們不是文盲。

在所有文憑中，經濟學文憑是最容易到手的，特別是與工程科學相較的話，更顯得簡單，人們只需要熟記幾本書即可，根本不需動太多腦筋、花太多心思，就可以輕易栽培出許許多多的經濟學學士。對此，我深感同情，因為他們必須浪費四年的寶貴時間；此外，我也明言經濟學是一門偽科學，他們所學的實在無法符合時代變遷。

我不是唯一支持這項論點的人，巴黎證交所的第二大經紀公司（大約有四百名員工）徵選員工，只要是具有經濟學學位的人來應徵，便立即叫他們靠邊站，理由是，他們只是一些不會全面思考，且自以為是的人。

有一次我和交易所的一位同事聊天，他自以為聰明，聊過兩句後，我便發現他是念經濟學的；然而他並沒有察覺自己的論點及分析簡直狹隘得像是被束縛在緊身胸衣裡的婦人。唉！想不到這些東西他竟然要念四或五年？

這令我想起愛因斯坦，有次在回答有關相對論的問題時，他提到：「有一位年輕小姐坐在我的懷中一個半小時，感覺上好像只過了五分鐘而已；如果我必須坐在高溫的火爐前五分鐘，那就像有半小時之久。」對此，他身旁的一位聽眾低聲說道：「他光這樣就得到諾貝爾獎嗎？」

艾爾・史密斯（Al Smith）的坦白是多麼真誠，多麼有說服力啊！他是紐約州長，一位非常受歡迎的美國政治人物，差一點就當上美國總統。在一次民眾集會中，有人大聲問他：「嗨，州長先生，您畢業自哪一所大學呢？」「我嗎？紐約的魚市場！」亞伯特・漢也一樣，他是經濟學教授，留下大約四千萬的財產，他簡短但誠實地寫下他的股市投機活動：「我根本不在意自己當教授時說過的那些蠢話。」

我給所有念經濟並有意投入股市的年輕人一個建議：馬上忘記大學中所學的，否則對於未來的職涯將是一種負擔。

愚蠢的故事

六〇年代，我和IOS集團打了一場論戰，這個集團以一年一五％的獲利保證迷惑大眾。但遭到各方的強烈阻擋，當然也有來自《資本》雜誌編輯部主管的壓力。許多人告訴我，對於我針對當時基金狂熱所提出的警告，德國讀者一定不想看；人們想看的是致富的訣竅，而不是陰暗、負面的預言，預告人們可能損失所有的錢。

不過我最終還是獲勝了，在接下來幾個月，我發表了大量文章，例如，ＩＯＳ這個騙子是如何結束的，今天這已經是金融史上的一段著名歷史。當時和我對抗的ＩＯＳ代表甚至寄恐嚇信給我，說我破壞了他們的生意，今天他卻告訴我：「科斯托蘭尼先生，您的照片還一直放在我的書桌旁邊。」

當時我幾乎受邀成為ＩＯＳ的一員。亨利・布爾三世（Henry Buhl III）是投資組合管理部門負責人，他四處打聽、找尋股票經理人。我的朋友賈斯頓・科伯蘭茲（Gaston Coblenz）——《紐約前鋒論壇報》（*New York Herald Tribune*）在歐洲的特派員——告訴亨利，他認識一個非常老練的股市專家，於是亨利・布爾便想盡辦法非要認識我不可。一開始我婉拒了，因為我知道ＩＯＳ在玩什麼把戲。基於好奇，我接受他的邀請，約在餐廳見面。

共進午餐時，他告訴我，他要找的是能夠不斷來回交易、對價格變化做出反應的交易員，不只是每小時交易，而是兩分鐘內交易。「績效」是一個神奇的詞。這也是他委託進行的一項耗資巨大的研究的結果：只有那些不斷調整並利用優勢的投資組合經理的績效表現才會好。

我提供他以下情況：一位交易員可能押注於一個好產業，如電腦業，產業行情當時正在大幅上漲。當然，如果股價從一〇〇漲到二〇〇，他就有足夠的空間反覆進出，即在一〇〇買進，在一〇五賣出，在一一〇買入……。他參與了從一〇〇到二〇〇的整個走勢，但最終只賺了四〇，而不是二〇〇。其他的漲幅都不干他的事。

另一位交易員可能運氣不好，比如當時航空股正經歷低迷，從一〇〇左右跌到七〇。他沒有出手的機會，因為不想冒虧損的風險，以免在這一行習以為常的每月甚至每週「績效考核」中繳出差的成績。於是他等啊等，價格跌到九〇，他不得不再等啊等——結果被套牢了。這就是區別所在，決定著交易員個人的成敗，而不是調查所稱的短期「績效」。

儘管我對他的作法提出批評，但亨利・布爾還是對我留下了深刻的印象，並且提出要我加入IOS的請求，一開始就管理一千萬美元。

當我問到公司（管理著約三十億馬克的德國儲蓄）如何防止我買入一萬股IBM，而另一位同事（本來有十個交易員）卻賣出一萬股IBM時，亨利・布爾回答簡短但很有說服力。他根本不在意這個問題。如果我們操作嫻熟，都能獲利。順便說一句，報酬是我若超越道瓊指數，就能分得二〇％戰績。當然根本沒有提及道瓊指數可能會在某個時候下跌的事實。

談話內容已經夠我了解了，我沒有到ＩＯＳ工作，反而是寫文章來對抗這個騙人的企業。

可惜我的揭穿舉動開始得太晚，好幾年來，各新聞媒體把投資基金描寫得多姿多采。我深信，把基金成立人柏納・康菲德（Bernard Cornfeld）跟經紀人五光十色的生活，巨細靡遺並加油添醋的大肆報導，有助宣傳。每日新聞對境外基金產業都做了詳細且中立的報導，但是基本上他們並沒有攻擊這些基金。當我們回想起那些基金販賣者小販似的叫賣承諾，並且比較「績效」，不難產生疑問：德國當局怎麼會對這種欺騙行為袖手旁觀那麼久？為什麼境外基金可以在德國收到如此驚人的成功，而且，他們的廣告還是免費的。

我們發現一個新詭計，因為境外基金屬於投資基金，是在別的國家登記註冊，所以完全沒辦法透過立法或其他監督機構來約束管理，也就是說他們的頭頭幾乎是不用負法律責任的。

難道這個基金機構是天才嗎？當然不是，整個基金是魔術般在一個幸運的情況下不費力氣得來的。我相信，康菲德本人並不是個騙子，他只不過是沒有經驗，沒受過教育，識字不多，也根本不曉得到底股市是怎麼一回事，對股市的歷史一點概念也沒有，但是他相信火藥是自己發明的。他亦不知道，在十七世紀的時候，股市投機在阿姆斯特丹已經蔚為風氣，就跟今天的華爾街一樣。因為行情連年上漲，於是康菲德提出一個論點，股票每年都能獲利一五％，而大家也都相信他的這個可怕的謬論。

跟他一起共事的人都把他當成天使般仰望，而他奢華的私生活，又給他增添了幾分光彩，每個人都想成為第二個康菲德。有人想，既然康菲德先生可以利用他的基金得到財富，那麼他們也可以。但是他們沒有想到，康菲德能過這樣豪華的生活，都是他們出的錢。

我承認，我曾經對「偉大的」康菲德有過些微的嫉妒，那時在巴黎一個骨董展覽裡，我沉迷在那些美麗的作品時，突然閃出一個念頭：康菲德可以把所有展示的東西全部買下來，就算他一件也不認識，再高的價錢，對他也是不痛不癢。於是這個嫉妒的念頭開始啃噬我。這時突然響起了一陣音樂，是我很喜歡的布拉姆斯交響曲，才讓我稍稍得到安慰。我有能力欣賞，我對自己說，他肯定不懂欣賞。

康菲德那出乎意料的成功是由儲蓄資本突然暴增而來的，這筆資本是從哪裡來的呢？這是因為德國民眾自一九三〇年以後，就被排除在國際資本潮流之外，所以民眾的投資管道有限，也沒有真正的國際投資專家。也難怪當「投資顧問」來敲門時，會喜不自勝地歡迎他。除了德國，其他文明國家都不會讓這種胡作非為的行徑如此囂張。也因為如此，那些境外投資跟不動產基金才有辦法把德國人搶個一乾二淨。他們身上都帶著這個牌子：「Made for Germany」。

惡意的騙局

我相信，直到今天，那些基金經理人還是四處賣弄一些危險甚至沒有價值的股票。他們的手法是這樣的，他們幾乎每買一支股票，小賺一些後就將其脫手，然後跳到另一支股票上，用這些獲利來吸引那些後續想買基金的人。但是當這些經理人很不幸地押中一把爛股票時，他們就會一直陷入虧損，什麼都賺不到。

德國的投資人一開始並不知道，有人把他們辛苦存起來的一分一毫，無所顧忌且不負責任地恣意揮霍。

而每年獲利一五%的保證更是一種假象，因為基金經理人的平均年齡是二十五歲，對於股市的險惡環境一點概念也沒有。基金經理人只有一個經驗，就是如何把基金推銷給容易上當的買主。只要能掌握這個，何必長年累積對經濟政策、金錢、還有資金市場的知識呢：最賺錢的生意，永遠都是用別人的錢！

營運投資基金需要三個條件才行得通：誠信、責任感與經驗。誠信就不用說了。至於說到責任感部分，我就可以毫不猶豫的加以批評。他們遊說一些小市民，這些人從來不知道股市與投機是什麼，基金經理人卻向他們宣稱，每年可以從股市裡賺到一五%的利潤，這樣的推銷簡直就和犯罪沒兩樣。我們可以從股市裡賺到一些，賺到很多，甚至一夜致富。我們也可能賠錢，賠上很多，甚至一貧如洗。但是我們絕不可能肯定地說，在股市投資每年會有多少固定比例的收入。

事實上，那些賣基金的人都很聰明且受過訓練。那些基金經理人對每年一五%的收入深信不疑，並且想用這套辦法在股市裡實現目標，但這只是證明了他們沒有實質經驗。正因為缺乏經驗，所以他們也就缺乏責任感。因為他們根本無法察覺，股市裡有多少陷阱正等著他們。

基金經理人把他們的失敗歸咎於股市，因此當股市行情下跌時，他們根本不必負責。這完全是說不通的，一九七二年一月的道瓊指數開盤時並沒有比其歷史最高點低多少，如果那時候基金經理人就用小市民們所存下來的錢買下一流的股票，其實一點損失也沒有，甚至能分到了一些利潤。但是他們用高價買到的卻是一堆貶值的有價證券，甚至是欺詐性的。此外，對誘導小市民們到這個瘋狂的投機市場，他們也必須完全負責。不管他們之前是否有定存，或是抵押貸款債券，雖然收入微薄，但卻是有固定保障。我收到上百封小額儲戶的來信，他們向我哭訴，因為基金的關係，他們的經濟都陷入慘況。

我從基金魔術裡看出哪些教訓呢？以下獻給每個人，甚至是有足夠資金的小資本家：請繼續留在有價證券上面吧！找個有豐富經驗的專業人士幫你挑選一個小型投資組合，這將是個很好的投資方向。至於資本不足但又做多種投資的儲蓄者，我的建議是：就直接投資基金吧！但必須是由歐洲有關當局控管的基金。

至於康菲德和他的夥伴呢？他們現在還是過著奢華的生活，而康菲德更是偶爾在好萊塢的訪問裡吹噓，他個人的資產估計在四千到五千萬美元之間。這一切都是以犧牲小市民們的利益為代價。這個基金龍頭的厚顏無恥，再加上小市民的愚蠢無知，後果真的是慘烈無比。

第12章 我的客戶們

有時我會以親身體驗來作為決定股市交易的考量。

一九六〇年我們記者團陪同艾森豪爾總統前往東方國家訪問，途中我因為感染流行性感冒，所以在新德里多待幾天，因此比當初預計返回紐約的時間晚了些。回到紐約家中，發現郵件已堆積如山，在這成千的信件中，我赫然發現一張ATT（美國電話電報公司，即現今的AT&T）寄來的帳單，通知我兩個月前尚有八元三十一分未付，也因此我被停話了，這對一個股市投機者來說，真是個大災難。

我不假思索立即往最近的電話亭狂奔而去，為的就是要打電話給ATT辦公室。電話一接通，我便立即致上歉意，並解釋著我已經把支票寄出，請立即恢復通話。拜電腦快速作業所賜，幾分鐘內接線者已將我的相關檔案拿在手邊，令我極度震驚的是我聽到對方說：「別急！科斯托蘭尼先生，您要付的不只這些，對於一個不準時付款的人，在我們公司等於失去信用，為避免類似情況再度發生，若想要恢復通話，您必須另外繳交兩百元的保證金，此外，您必須再多等十四天。」由於延遲返家已令我異常緊張（也許股市也很疲軟），現在又面臨這個新情況，我真是快崩潰了。而且我意識到這一切是對個人的侮辱；此外，對一個股市投機客而言，少了電話還能有什麼作為？十四天對我來說，將宛如永恆般地長久。

當下我立即決定要打贏人生中的一場大戰役，我將劍磨利（也就是我的舌頭），並以激烈的口吻反駁：「您竟然如此歧視用戶，只因為晚一點付那微不足道的八元三十一分帳單，而且在毫無確切審查下，便對一位老客戶的信用妄下結論，您要像對待小孩般地打我耳光來要求我守規律嗎？」

「這是我們的規定。」電話另一頭傳來嚴厲的回答。

「好。」我以諷刺口吻反駁著：「我會把兩百元寄給你們，但為何要的不是五百或五千元？既然我必須要付這筆錢，除此我還能怎樣？誰叫您們是龐大的壟斷企業，而我只是一個普通且渺小的消費者罷了，如果現在還有別家電話公司，我會立即告訴你：『見你的大頭鬼！我找另一家電話公司去。』不過我會問問我的參議員及國會議員朋友，他們對此有何看法。」

先前堅決的語氣突然轉為柔和：「且慢！且慢！科斯托蘭尼先生，請您千萬別把此事看得這麼嚴重，我們會馬上進行複查。」一分鐘後我聽到：「親愛的先生，請相信我們會盡全力來使您滿意，明天一早我們會派遣技工至您府上恢復通話，而且您不需要再繳任何保證金。如果將來您因事情耽擱而無法如期繳費，我們只請求您能事先通知我們，以便延後繳費。」

隔天早上七點技工便到我家，重新接好電話線路，八點鐘，我便接到該公司的電話，詢問一切是否就緒；而且我可以確定在接下來的幾年，會享有電話公司的優惠。

如同一般居住在美國，而且有閒錢的人一樣，我也一直持有ＡＴＴ的股票，不過經過這次事件後我便不再持有了。因為對一家我竟然能夠嚇唬的企業，我寧可擔任顧客，而不是合夥人的角色。

和大企業交手

這是美國的情形，但我與德國大企業的交手經驗就不同了，確切地說，便是德國公司不特別討好顧客；因為一間愈大、愈有聲譽的企業，往往愈會顯出吝嗇且吹毛求疵的一面。

西門子便是一例。有一次西門子的公關部門請我為一份新的目錄寫序言，並且規定我得在十四天內交稿，根據約定，我可以獲得五千馬克的酬勞。我準時完成所託，於是相關主管打電話給我，提到：「我們對此十分滿意，而支票會依月結方式寄到你手中。」

不過大約一個星期後，我又接到另一通電話：「我們想把你的照片放入目錄中，讓股市投資人聯想到，那就是他們從電視、廣播電台及媒體上認識的你。」我回答：「拜託，你們可以打電話給《資本》雜誌，那裡有數百張照片，你們可以選到你們要的。」結果西門子選的是一張刊登在另一本雜誌上的照片，直到現在我仍然搞不清楚，為什麼他們會這般堅持。不過我還是回答：「好吧！如你所願，你們可以採用這張照片。」對方再度表示異議：「不過攝影師索價五百馬克，這已超出我們的預算範圍，所以希望這筆費用能從您的酬勞中扣除。」我立刻反駁：「您在開玩笑嗎？你們需要我的照片來達到廣告宣傳效果，卻要扣掉我的酬勞來負擔這筆費用？您是從哪裡學來的商業慣例？我認為這是一個無理的要求，但無論如何，這件事使我多了一個絕佳的主題，一個可以寫來消遣的例子。」當然，當時我並沒有將此一事件在媒體上曝光，不過事隔多年，我怎能不在我的書中提上一筆呢？

在我七十歲生日那一年，我的朋友約翰尼斯・葛羅斯（Johannes Gross）為我舉辦一場盛大的慶祝餐會，大約有四十名來賓，都是年營業額達數十億的大公司管理階層，當時我的鄰座之一，恰巧是俄特克爾博士公司（Oetker）董事長，為了打開話題，我便主動對他提起年輕時曾對「俄特克爾博士發酵粉」的宣傳廣告留有深刻印象，在世紀初的匈牙利已經成為暢銷產品了。

幾星期後，我收到一封董事長非常親切的信，他在信中建議我寫一篇關於我回憶年輕時的發酵粉的文章，而文章會刊載在公司的雜誌中；不過同時他也提醒，礙於經費，我的酬勞有限，希望我能體諒這一事實。我則回了以下的內容給他：「因為我現在非常忙碌，所以目前無法確定何時才能回覆您的好建議。由於您也表明了支付酬勞的困難，所以我已經預先替您準備了一個方案。我不要求現金，而想以實物作為報酬。我對發酵粉並不感興趣，可是對於您所擁有的世界級豪華餐館，可是很有興趣，您的伊甸洛克餐館（Eden-Roc）和我的別墅只有不到十分鐘車程的距離，若您能同意讓我在您餐館消費以抵銷酬勞的話，那就太好了。」我的建議很快便得到回覆：「俄特克爾先生對您非常滿意，更何況他也一直想邀請您到伊甸洛克享用午餐。」很明顯的，他們並沒有真正了解我這封信的含義，而我則認為，完全沒有針對此事來回答，實在是滿聰明的作法。

有一次，德意志銀行烏佩塔爾（Wuppertal）分行的經理打電話給我，邀請我到他的分行舉辦講座，當時我們並沒有談到酬勞問題，因為我覺得不需多說，德意志銀行想必不會期待這是一場免費的演講。由於我曾對其他分行舉辦講座，所以我認為烏佩塔爾分行一定會被知會相關資訊。那天晚上我受到經理隆重款待，而我以金融本質與股市為主題的演講，也在盛大的宣傳下如期舉行。

一個星期後我收到一張五百馬克的支票，當然那時的五百馬克價值是遠遠超過今日，不過卻不夠付一場有五位客人的晚宴。所以我請德意志銀行按照我當時的酬勞行情，再補兩千五百馬克差額，也因此我收到一個難忘的回答，不是來自那位經理，而是來自法務部。因為我對德意志銀行還有一定程度的尊敬，所以至今並未公布這一封信，這一群年輕律師寫這封信的目的，無非就是針對我所提出的要求表達他們的憤怒，他們覺得這是一種放肆的行徑；他們認為我可以在德意志銀行的聽眾面前做專題報告，而且正好可以利用這個機會為新書做宣傳，我應該感到滿足了。如果我不放棄原先的要求，他們將會向上級報告此事，以後大家就會知道我做了什麼好事了。

這封信不只是恣意妄為而已，更是一種敲詐。我實在不知道該對這種無理的行為做出何種反應，驚慌之餘，我將整件事的經過告訴我一位交情甚篤的老朋友霍斯特・史密斯（Horst Schmitz）（當時的《資本》雜誌編輯），他聽了以後非常氣憤，決定向當時德意志銀行首席執行長克里斯汀（Christians）博士報告此事。四十八小時後，我便收到一張總額如我先前所述的支票。

之後我還是繼續為德意志銀行辦講座，有一次在慕尼黑由彼得・馮・夸德（Peter von Quadt）主辦的演講，甚至還免費參加，彼得・馮・夸德是我的忠實朋友，也是學生。我非常榮幸能向這些年輕學子傳授股市經驗，而我認為，他們一定也非常滿意，並學到東西。

在一次專題討論後，我遇到一位在西德意志土地銀行工作的年輕人，他問我是否有興趣為該銀行的廣告雜誌寫一則有關自住公寓的文章，這份雜誌將分發給一百三十萬住戶。我告訴他目前我寫不出任何新東西，不過在一份商業雜誌中有一則幾個月前出自我手筆的文章，完美且幾近感性，直到現在我看了還會感動得流淚。我認為這篇文章很符合這次廣告的訴求，「您只要取得轉載許可就可以了，我會同意的。」我對這位年輕人說。

幾星期後西德意志土地銀行打電話告訴我，一切都已安排妥當，只希望我能小小修改文章，以便更符合他們的訴求。此外，他們也要我的照片，理所當然，我會得到一份酬勞。

對於一篇刊登於百萬份雜誌上的文章，事實證明這份酬勞只有區區三百馬克而已。我把支票寄回並附上一封信，信的內容為：「我已經墮落到人們給我小費來搪塞的地步了嗎？」同時我還寫了一則故事。

我有一位名叫法藍茲・默納（Franz Molnár）的朋友，與其說他是知名的匈牙利作家，倒不如說他是吝嗇鬼。有一天他在草地上散步，一個人走近試圖和他套關係：「默納先生，抱歉這樣打擾您，我是來自匈牙利的科瓦克斯，現在我有很大的困難，希望您能幫助我。」默納便從口袋裡掏出二十克郎，並索取一張收據。「什麼！默納只給二十克郎！」科瓦克斯激動地說著。我的朋友沉穩地回答：「不，因為一般人都給科瓦克斯先生二十法郎。」藉此我向西德意志土地銀行表達，我是那位科瓦克斯先生嗎？

我在信中提到：「如果您們把一支原子筆、一枚鑰匙圈或一個菸灰缸當成廣告禮物寄給我，我就認了；不過您們竟然寄這區區的三百馬克給我，如果我的朋友知道這件事，他們必定會取笑或同情我。我會寄副本給貴銀行總裁普廉（Ludwig Poullain）先生。」

幾週後，我突然收到一份寄自西德意志土地銀行的禮物，那是一本非常棒的古書，一本關於金融和銀行的書。他們大概知道我對收藏古書的狂熱，所以用禮物來解決問題。

大企業的故事

我想談談兩、三個和大企業打交道的故事，不過在這些故事當中我並不是主角。在布達佩斯多瑙市塞普島（Csepelinsel）上，一間名為塞普的企業，是由曼菲德・懷斯（Manfred Weiss）在十九世紀所創建。曼菲德後來被授封為懷斯男爵（Baron Weiss），更被稱為「鋼鐵人」（Der stahlharte Mann）。懷斯是聰明的實業家，生產罐頭起家，並拓展到所有的冶金領域，今天他的企業已經是一個工業帝國。第一次世界大戰期間，懷斯是軍隊的最大彈藥供應者之一。戰爭結束，匈牙利陷入困難狀況，他出於愛國主義而自殺身亡，他的帝國被共產黨收歸國有。

懷斯有個孫子流亡法國，經常前往布達佩斯，人們傳言，他在那裡有一段豔遇。在一次的旅行中，他突然興起去拜訪家族企業的念頭。在大門口，警衛詢問他的身分，他表明自己是公司創立者曼菲德・懷斯的孫子。於是，懷斯繼承者到訪的消息很快在工廠內傳開，成群的員工好奇地聚在一起，隨後有了熱烈的交談，對於這種事，雙方似乎都不乏共同話題。

當懷斯的孫子要離開工廠時，一位員工告訴工會主席：「我們應該要禁止他再回到這裡。」這時工會幹部反駁說：「不，你們應該讓他來，這樣才能讓所有員工看見，如果當初工廠沒被國家化，今天我們就會有如此白痴的總裁。」

另一次愉快的私下訪查則發生在雪鐵龍的總裁安德烈・雪鐵龍身上。他出身於貧窮的猶太家庭，並建立同名的汽車公司，在一九二〇年代雪鐵龍幾乎是法國經濟成就的表徵，也可以說是安德烈・雪鐵龍的全盛時期。不過並不是所有人私底下都認得出他來。有一次，他從西班牙開車到法國的邊界，海關人員問他叫什麼名字，他回答：「雪鐵龍。」這時邊關人員嚴詞訓斥他：「我是問你人名，不是問你開什麼車！」

安德烈・雪鐵龍是一個聰明且特別受到員工愛戴的企業家，因為他本著人性的關懷及慷慨的心來對待員工。可惜後來雪鐵龍沉迷賭博，失去了他的企業，死時一貧如洗。

三〇年代，他已經身無分文，有一次造訪由他創立的工廠；雪鐵龍先生來訪的消息迅速傳開，工作人員聽到這個訊息立即往大院跑來，為的就是想和他握手。此時，公司的新經營者，米其林（Michelin）家族中的一位成員正在樓上，對於這陣騷動感到驚訝，他問廠長樓下究竟發生了什麼事，廠長回答：「安德烈・雪鐵龍來了，員工正在歡迎他。」米其林很生氣，立即寫一封信給安德烈・雪鐵龍，信中要求他不可再回到工廠來，因為他的受歡迎程度阻礙了工作進行。

另一個聰明的工業家是馬歇爾・達索（Marcel Dassault），他是法國最大的飛機製造商，而且是幻象（Mirage）和神祕（Mystère）的始祖。達索在九十歲時把一半的企業捐給國家，條件是他還是繼續在公司工作。

以下的故事是他個人特質的描述。達索太太被綁架了，綁匪要求三百萬馬克的贖金，當時記者問他要怎麼做，他表現出一貫的泰然：「我要付贖金。」

達索一生都很幸運，也難怪在他的一本自傳中，標題被冠上《吉祥物》（*Talisman*）。有人發現他的太太被囚禁在楓丹白露（Fontainebleau）附近一間屋子，沒多久那位名叫卡薩諾瓦（Casanova）的勒索者便被逮捕了。達索太太請求法院不要處以太重的刑罰，因為這段期間他對她還不錯，而且她的丈夫在這名歹徒出獄時，還給他一筆錢作為人生重新開始的基金。

達索非常受歡迎、慷慨而且風趣，他經常會放五百法郎在口袋，然後送給遇見的窮人。達索也是個熱情的股市投機者，他是在巴黎的一間美國股市經紀公司唯一客戶，很快地授與該公司數十萬張股票的買賣委託，這位經紀人只要靠他這位客戶便可活得很好。

如我所說，他是一個奇特的怪人。達索總是在格斯達（Gstaad）的皇家飯店（Palace Hotel）與許多同事及朋友一同度暑假，他們住一整排的房間。超過四十年的時間，每年夏天到此，達索都會指定一位按摩師為他服務，直到有一天這位按摩師被裁員為止。達索問飯店經理為什麼要裁掉他最喜愛的按摩師，經理回答：「因為他年紀太大了、太老了。」達索問：「多老？」「七十二歲，」經理回道。「您說這叫老嗎？我都九十四歲了！」達索說，如果這位按摩師被裁員，那麼他和所有隨同人員會離開飯店，後來這位按摩師繼續為他服務了好幾年。

顧客，也是敵人

法國股市有一句廣為流傳的名言：「顧客，也是敵人。」不同於一般企業的說法：「顧客至上。」不過就法國而言，法國股市的名言比較切合實際。

招攬客戶是一大藝術，需要運用心理學上的技巧及同理心。在我一生中累積了許多和顧客之間的經驗，在證券交易所生涯中，我大概有六百位客戶。當我還年輕，尚未成為為自己帳戶精打細算的投機者前，我只是個股市經紀人，這六百位客戶中，有些每天都會進行交易，有些則是一年只有一筆交易。從中你可以看出非常有趣及富有詩情畫意的個人特質，當然也有無趣、平淡的普通人。

我的交友範圍從扒手到王室家庭成員、從妓院老闆到教會主教，好比一場聚集了所有人的劇場演出，有些人一直扮演顧客，有些儘管不是顧客，也是中間介紹人的角色。有一位擔任第兩種角色的匈牙利人，他整天待在舞廳、俱樂部或賭場。他為巴黎的私人賭場招攬賭客。

這個質樸、聽話、不會在背後議論他人的匈牙利小夥子希望鞏固他在賭場的地位。當時我常環遊歐洲，他常邀請我到賭場玩玩，以便賺賺佣金。有一次我出於好玩，從皇家飯店寫一封信給他，內容是：「親愛的朋友，我馬上要前往巴黎了，希望能在那裡見到您，請您不要忘了幫我找一間好的賭場來助興。您知道我有多喜歡那種極度緊張、興奮的感覺。」這封信對他而言值三百法郎的佣金。我們匈牙利人要團結在一起了！一個把顧客拉到賭場，另一個引誘他們去股市投機。有時差別並不是很大。

三〇年代初期，有一天這個匈牙利小夥子到我辦公室，當時我在一間非常大的證券經紀商工作，那是當時巴黎證券界最具影響力的公司。他通知我一個令人振奮的消息，他要介紹一位對股市有興趣的大客戶給我。當時我並沒當一回事，他能有什麼了不起的人際關係呢？不過我還是答應會去見見那位大客戶。

那天我在巴黎大飯店（Grand Hotel）見到這位具有潛力的客人，當時的情形我還記憶猶新。巴黎大飯店是這位名叫威仕（A. J. Vyth）先生的固定住處，威仕大約六十歲左右，年輕時住在倫敦，當時在一間紡織分公司任職，負責生產與銷售，賺了一大筆錢，不過之後他多年都必須為稅務訴訟而傷腦筋。雖然最終他贏得官司，代價卻是賠上健康。一度精神崩潰後，他在療養院待了幾年，直到遷移至巴黎格蘭飯店為止。

我這位匈牙利夥伴沒說錯，這個人的確非常富有，當時雖然正值紐約股市陷入危機的時刻，他手中的投資組合還價值好幾百萬元。我們談到政治與股市，然後威仕讓我看他的投資組合清單，並詢問我該做哪一方面的調整，我這位匈牙利夥伴則在旁邊當個緘默的聽眾，靜靜聽著我們說話，不過他知道我會大方地給他一筆佣金，這筆錢一定比賭場給他的更多。

威仕被我所給的建議打動了，在我的公司開了很大的戶頭，這個戶頭維持到一九三〇年代他過世為止。儘管後來他真的生病了，而且十分脆弱，但看起來還是那麼理智和聰明。

當時威仕對有價證券一竅不通，經常威脅要仔細檢查大宗交易，以確保安全，這當然只是開玩笑。儘管如此，威仕還是經常告訴我：「你這個有著招風耳的匈牙利投機客（他有一張我的照片），我要叫我姐夫莫里茲・列米提庫斯（Moritz Leviticus）去巴黎，他會嚴格檢查這本帳裡的任何一筆大宗交易。」

好吧！有一天列米提庫斯真的到巴黎來了，雙方在我的辦公室會面並「嚴格檢查」所有股票行情，看看是否有任何東西憑空消失了。唉！這種感覺真是痛苦，不過在他姐夫拜訪過後，他便放心了。

我們之間的關係還有另一塊絆腳石：「他老弱多病，而我身強體壯。」我必須避免挑戰他那顆無法形容的嫉妒心。他期待我在每天股市交易結束後，順道去拜訪他，做幾分鐘簡報，有時我還抱怨自己遭受病痛折磨，甚至有失眠煩惱，總之，我自己也很可憐，而這一切都是為了讓威仕滿意。

他常到倫敦，且一定住在維多利亞飯店（Victoria Hotel），這是一棟佈滿灰塵的老舊建築，不過一直享有盛名。有時我碰巧到倫敦，會住在薩伏依（Savoy），不過當威仕問我住在什麼地方時，我會給他一間位在半月街（Halfmoon Street）的小旅舍地址。如果他知道我住在薩伏依，他的反應一定是：「好傢伙，這一定是花我的錢！」我承認威仕是個好顧客，而且我也從他的各項交易中賺了不少。

他投資當時在法國持續發行的公債，並且每次債券發行時都會大量認購，而我則每次都會獲得一％的佣金。不過每次我都必須簽署一份文件，保證國家一定會負責償還公債，如果將來有一天法國政府無法履行義務，我就必須為法國政府做擔保。這是認真的，一點都不是開玩笑。

幾年後他過世了，我親自出席在海牙（Den Haag）舉行的葬禮，並且陪他走完最後一程。在他的遺囑中，他並沒有把所有財產交給五位姐妹，而是由弟弟雨果・威仕（Hugo Vyth）繼承，雨果是個不折不扣的傻瓜。

雨果在葬禮後幾個月寫信給我，因為他發現一些當時我為法國政府做擔保的簽名文件，從那時候起法郎一直貶值，所以他要我賠償他的損失。當然我並沒有回覆他——在現代，當國家破產時，貨幣會貶值，但公債不會停止支付。要這樣解釋給他聽也為免太愚蠢了。直到今天我還是很同情我的顧客兼好友威仕，因為對他而言，我比法國政府還更值得信賴，儘管他曾罵我是匈牙利的流氓。

有一天，有一位自稱李伯（Lieber）的陌生人打電話到辦公室，說他早已聽說我在工作上的優異表現，然後他提出一個老套的問題：「您怎麼看這個市場？」我給了他幾個立場中立的提示，以避免正面回答這個問題，就好比對一群我完全不認識的人舉行股市方面的演講一樣，我必須先了解他是股市玩家、投機者或是投資者，試著了解他的財務狀況，並從中判斷他的社會階層及知識等級。

我們的談話進行得很愉快，而且在接下來的幾個星期中，他也經常打電話給我，有時我還因此耽誤了工作。我決定約他出來見面，他也興致勃勃答應了。幾天後我們在一間證券交易所旁的酒吧見面，然後就不能免俗地聊聊股市，直到我開始挑起無聊的小爭辯，我決定刺激他一下。

「我有一個想法，從中我看到了一些想像空間。」我開始我的廣告策略。

「不過，」我突然中斷談話，並且對服務生講了一些無關緊要的事。

「究竟是什麼？」李伯先生感興趣地問道：「您的想法究竟是什麼？」

「是啊！我已經想好了，不過現在似乎還太早。」我答著，並喝了一大口酒。

「儘管我心中已經有譜了……」說了一句後，我又再度召喚服務生，當時我從對方眼中看出他正飽受折磨。尤其當我一直重複著，說一句話，喝一口酒；說一句話，再喝一口酒。

突然間他不耐煩了，「您要說您的想法了嗎？還是不想？」

我決定不再折磨這個可憐的人，於是告訴他：「親愛的朋友，為什麼您不是我的客戶呢？」

「當然，當然，我準備要在您那兒開戶。」他說到做到，隔天就成了我的客戶。

究竟「什麼」是我心中的想法？直到今天我還不知道，我每天都有太多想法，不過糟糕的是都不確定。

還有一次，我接到一通自稱是孟德爾頌打來的電話，她是英國國民且是著名銀行世家的繼承人，正住在巴黎。「您是智者納特翰（Nathan）的曾孫女嗎？」

「是的，」她自負地說著：「而且也是大作曲家菲力・孟德爾頌－巴托帝（Felix Mendelssohn-Bartholdy）的親人。」藉此我確認了她的地位，立即對她有了好感。

戰爭結束後，她當初被柏林銀行所沒收的財產重新獲得補償，她把這些錢用來買股票，她想把這些清單交給我鑑定，於是我便去拜訪她。她住在一棟沒有電梯的公寓十樓，那是許多知識分子居住的地區。她說得一口很棒且有教養的德文，她告訴我，她想撰寫有關社會學方面的書籍。

我檢查了她在一間頗具規模的大銀行所開的股票帳戶，這是一個含有長期債券與可靠股票的組合，且分散於各國，我完全不需要提出異議。

我問她：「您在哪繳稅？」

「當然是在德國，這錢來自德國。」

我反駁說：「您是英國公民，住在法國，儘管存款放在德國，也不表示您必需承擔在德國的納稅義務。另外，借助您生涯及地理的三角關係（biographisch-geographischen Dreieck），您可省下一大筆錢。」

不過她的回答是：「不，那位銀行經理，也是我的朋友，他不會容許任何避稅伎倆的。」

首先，關於這一點我要告訴您一個典故。

故事發生的地點在法蘭克福，時間大概在一八〇〇年左右。老羅斯柴爾德坐在帳房裡檢查帳簿，突然間房門打開了，一位普魯士軍官走了進來，並且以傲慢的姿態介紹自己：「普林尼茲（Primnitz）男爵，普魯士國王陛下的副官。」

老羅斯柴爾德友善地說：「請您自己找張椅子坐。」

「我重複：普林尼茲男爵，普魯士國王陛下的副官，馬爾他騎士團的騎士。」

老羅斯柴爾德再次禮貌地說：「請您自己找張椅子坐。」

「先生，您還是沒搞清楚：普林尼茲男爵，普魯士國王陛下的副官，馬爾他騎士團的騎士以及羅馬教皇的侍從官。」

「請，請，」老羅斯柴爾德無可奈何地說：「請坐兩張椅子。」

「拜託！孟德爾頌小姐，您繳了三份稅！」剛開始她還笑得很誠懇，不過之後就恢復了，這時她不只是個柏林猶太人，也是個普魯士人，不喜歡與納稅事件有關的笑話。這也是為什麼我不再收到她的信。我不是要唆使她去逃稅，我的建議只是選擇有利的環境罷了，這個天真無邪的建議不斷地在德國報章雜誌上宣傳。

以上是我從和客戶交手中所得到的體驗，不過我必須強調，我一直就是自己可愛的客戶，我不曾徵求經紀人或銀行家的建議，所以他們對我根本不用負任何責任，如果有人低聲告訴我一個忠告，我還是會堅持反其道而行，因為我的格言是「消息是毀滅的來源」。

第13章 德國人的心理學

對政治獨具慧眼，是我樂於擁有的天賦。但這樣是否能為我帶來更多機會，就不得而知了。例如一九八九年初，我就預見柏林圍牆倒塌和與之相關的大事，但卻難猜出，兩德人民以及參與股市交易的大眾，將對此做出何種反應。

從長遠來看，我非常樂觀，因為就全球經濟和金融市場而言，沒有什麼是比計畫經濟失敗，和擁有持久和平更好的消息了。然而很多德國人並不指望統一帶來的前景。

統一的序曲

首先就是統一貨幣，不只要被大眾接受，更是迫切必要的，但這卻是個棘手計畫。不過，也有先例可循，例如奧地利和匈牙利在一九一八年以前即有貨幣、關稅及經濟聯盟，雖然兩國有不同的國會和立法，甚至各自擁有軍隊，但並不妨礙兩國有共同的元首，遵循兩套法令。

我可以提供另外一個計畫，雖然我在德國沒有投票權，解決辦法是先計畫，讓國內和國外的銀行慢慢收購東德馬克，使馬克價值加倍。最大的市場是蘇黎世和維也納，這項應急計畫將使東德的生活水準馬上提升，此外還要防止東德被賣給投機者。

不過最後的改革仍必須看大選結果，最好是盡可能提前，以免給各方煽動者有更多的機會。

以德國聯邦銀行總裁卡爾・奧托・波爾（Karl otto Pöhl）的政策來說，不久之前，我覺得他實行了正確的政策。我以為聯邦共和國終於開了窗，讓新鮮空氣進來，而不再是以零通貨膨脹為最高目標，即使德國經濟深受其苦。

在我看來，波爾先生現在實行了平穩的利率和貨幣政策，雖然最後只有中央銀行理事會能決定是否升息。我實在很難想像這麼重要的經濟問題，並不是由聯邦銀行總裁決定，而是由一些沒有實質資格的人決定，而指派他們的動機通常取決於政治、煽動的或是純屬個人的因素。

溫和的通貨膨脹總是比最輕微的通貨緊縮要來得好。通貨膨脹在某種程度上是溫和的毒藥，只要劑量在掌控中就沒有危險，經濟受輕度刺激，就如同尼古丁和酒精之於人類一樣（只要不是老煙槍或酒鬼）。幸好通貨緊縮通常只是心理層面的影響（當貨幣發行銀行不幫忙的時候），它所造成的社會不安，反映在選舉結果上。

如果即將到來的德國大選結果對聯盟不利，這極有可能發生，就算高利率和低美元匯率也無法抑制通貨膨脹。我擔心，紅綠聯盟接替執政，將引起儲蓄大眾戲劇化的反，無法避免實行外匯管制。

波爾可以用正確的金融政策幫助柯爾（Helmut Kohl）總理一臂之力，因為繁榮的景氣對他很有幫助。相反的，紅綠聯盟的情況，對抗通貨膨脹將是徒勞無功的，高興的是想以通貨膨脹來投機的人。通貨緊縮是個非常沒有遠見的政策，總是會隨著負面的政治後果告終。

聯邦銀行總裁前陣子才說到，對德國經濟來說，美元匯率上升並不是非常重要。沒錯！這聽起來和當時的財政部長史托滕伯格（Gerhard Stoltenberg）一再重複所說的不太一樣：「美元貶值對德國來說，完全起不了作用，聯邦政府對美國的出口貿易太少了。」一國財政部長為三八%的出口比率所下的註解，實在是明顯的胡扯。就算德國馬克因為歐洲經濟暨貨幣聯盟及所連帶的負債而降低了行情，也不是意外。

一個國家強大與否，不在美元匯率高低，也不在利率高低，而是一個國家的德行，或是領導層的經濟實力。我們必須要有勇氣，拿破崙的座右銘真是恰當：「勇者必能贏得每場戰役！」這也適合歐洲經濟暨貨幣聯盟所表達的經濟前景。關於國家的狀況，是否要擁有或何時要擁有一個共同的議會和共同的軍隊，是無關緊要的，因為現在已經沒有邊界的困擾了。現在打算在匈牙利或波蘭投資的西德企業主，即將把資金留在東德的重建上。這是一個大好時機，而東德即將帶來德國的第二次經濟奇蹟。

浪漫主義有助於經濟事務

今日的德國人對自己的經濟有非常正面的看法，這種看法和他們所使用的方法，多少是符合典型德國人的傳統思想。雖然我實在不喜歡一般性的結論，但我還是認為，人們經常描寫的德國人性格：準時（在交貨方面）、責任心（在貨物的品質方面），以及勤奮，在過去的東德經濟發展上，占有一席之地。雖然現在東德和西德，勤奮已經褪色，但也許在萊比錫、德勒斯登、開姆尼茨（Chemnitz）的居民還是會比嬌生慣養的西德人更勤奮。

同樣的，德國人的浪漫主義，可以在經濟事務上具有正面效果，雖然我對此還沒有機會多做補充說明。事實上，太過實事求是對商業確實不好；新點子、冒險心、想像力，才是今日炙手可熱的特質，而且應當化成行動。

我認為德國的浪漫主義不適合用在政治上。但經濟上，我就比較喜歡浪漫的「感覺」。然而我在德國人身上，至今仍未發現金錢上的浪漫；在這方面，德國人一直很呆板，也不懂得樂趣。

在德國，大多數的人害怕投資。德國投資者在金錢事務上不是那麼老練，甚至缺乏經驗，在國際金融市場更是個新手，因為德國並沒有參與第一波證券交易的增長。在希特勒掌權下，從一九三三年開始實行強制經濟，戰後的德國在這方面直到六〇年代中期都處於停滯狀態。當然近二十年來，德國對股市交易和投機的觀點已有了戲劇性的改變。但是二十年畢竟還算短，仍不足以形成經驗，尤其相較於其他國家所擁有的豐富經歷，更顯不足。

德國民眾是保守的，兩次可怕的通貨膨脹已經使德國儲戶心生畏懼，德國人已經變成一個領年金過活、只想要安全感的民族：定存、債券、社會保險金。

只有在做好功課與計畫時，他們才會冒風險。一個年輕人寫給我一封簡短的信，他想知道如何進入股市，因為他想以最快的速度賺錢，以便之後可以盡早退休。他才十八歲！他認為我的經濟應該已經夠寬裕了，為什麼還要耗費精力辦演講和寫書，為什麼不在某南方小島上享受陽光？我反問他：「您曾經享受過嗎？」他否認，而我的回答是：「因為我已經享受過了。」

大部分德國人想把他們的錢就這麼存著，以為如此一來便不會有失去的風險。因為人們知道，如果買了股票，總是有行情下跌的可能。德國民眾基於這種原因，寧可定存。

九十五個猶豫的人

如此雖然不會發生什麼事，但終究還是會變得很糟糕，因為如果大多數的民眾都把錢存在銀行不動，通膨會導致購買力降低，而存款利率又不足以抵銷通膨。股票反而是一項較好的投資，雖然股票會有風險，但總比定存的投資形式要多獲利好幾倍。

有個小型的統計數據顯示：從一九二五年開始，中小型股價格漲幅超過百倍，藍籌股則漲了二十五倍，而定存和債券的表現則為十二。法國人在十九世紀說：「像股東一樣愚蠢。」如今的說法變成「像股東一樣聰明」。就如同一句諺語：「想睡個好覺的人買債券，想吃得好的人寧可買股票。」

如果德國人仍然不顧一切地冒了交易的風險，那他們就會因為缺乏經驗，而顫抖得如同白楊樹的葉子一般。在其他資本主義國家的投資者中，是十個固執的人搭配九十個猶豫的人，在德國則是五個固執的人，和九十五個猶豫的人。

德國人的美德，像是紀律和精明幹練，不利於投機，而德國人在金錢上的伎倆也一直沒長進。這個擁有浪漫主義者、哲學家及音樂家的民族，一旦面對金錢事務，就不再浪漫，也失去以往對哲學和想像力的愛好。

一位不喜歡德國人的著名諷刺作家卡爾・法卡斯創造了一則諺語：「德國人不但工作特別多，而是是樂於工作，他們命該如此！」而我也因此對東德的經濟重建抱持樂觀的想法。

附錄 投機大師科斯托蘭尼

他沒有股神巴菲特旗下的波克夏集團大軍，卻能與股神平起平坐；也沒有債券天王葛洛斯千百人的研究團隊，但只要他動口，全球市場皆側耳傾聽；他不像投資大鱷索羅斯，會在各地發動貨幣戰爭，但當他一派優雅提出某國貨幣被錯估時，沒有一個政府敢掉以輕心。他是科斯托蘭尼，古往今來的大師中，少數不打團體戰，特立獨行的散戶投機家。

一九〇六年出生於匈牙利，他在十三歲就靠貨幣套利賺下生平第一筆投機財；二十一歲踏入證券業；三十歲出頭便已賺到相當於目前四百萬美元（約合新台幣一億兩千萬元）的身價，不過也曾因看錯方向而破產兩次。

被封「德國巴菲特」，卻自稱「投機者」

科斯托蘭尼去世至今已二十五年，生前非常活躍，與股票、期貨、債券、貨幣周旋近八十年。

截至二〇一七年，根據德國國家圖書館的紀錄，科斯托蘭尼名下有十三本著作（其中兩本同時發行了有聲書），加上別人闡述其財經哲學的書，加起來超過八十二本。他的著作被譯成八種文字，在全球賣出三百多萬本；在台灣出版的遺作，至今仍熱賣。

年輕時的記者夢，致富後的科斯托蘭尼得償宿願，為德國《資本》雜誌寫了三十五年的專欄。他是當時電視、廣播談話性節目常客，至今在YouTube上仍可搜尋到他的談話錄影片段。一九九七年甚至為奧迪汽車（Audi）代言，在這支五十一秒的廣告短片中，科斯托蘭尼坐在駕駛座旁，悠然吐出：「您考慮一下鋁的股票吧！」這句話抓住了觀眾的心，成功讓代言商品與智慧及品味扣連一起。

一襲深色西裝、花領結、上襟別一條絹帕是他的招牌裝束，一對招風耳頗有喜感；每當他在電視上亮相，乾瘦、個頭小的他乍看彷彿被椅子包裹了起來，襯得站在講桌後的主持人特別高大。這樣的安排或許饒富寓意：科斯托蘭尼不打算隱瞞什麼，素來和盤托出自己的戰績；而且，從不避諱提及破產時一度考慮自殺。現場響起一陣陣笑聲與掌聲，他突然兩手一攤，對「德國巴菲特」的封號敬謝不敏；狡黠如他當然沒有說明理由。但他強調，「投機者」才是自己喜愛且珍視的身分，這時誰都看得出他全身上下流露著自負與自信。

科斯托蘭尼靠股市等交易累積的財產令人生羨，當然也招人忌，擁護者稱他為股市教父中的教父；反對者則認為他的經驗不足取，因為他曾經破產兩次、債台高築，而版稅與專欄稿費更勝他在股市投機所得。

利用美股大崩盤，賺進第一桶金

無論演講時的開放提問，抑或上廣播電視對談，都沒有人請他報明牌；大家猜想快人快語如科斯托蘭尼，應該不屑於回答這種小鼻子小眼睛的問題吧。大家比較想從他身上感染到的，是他俯看全局的闊氣，操作股票、期貨時玩味再三的心理遊戲，以及與多變數的股市交鋒，尤其崩盤時如何談笑用兵等。

長壽的科斯托蘭尼活了九十三歲，「唱反調」堪稱他的基調，成功、度過低潮、東山再起、保持不敗都與這項特質有關。因為他，「投機」一詞被重新定義，增加了深思熟慮、摸透大眾心理和趨勢，繼而逆向操作，不憂不懼等待獲利或翻盤的智慧，蛻變為一門藝術；因為他，「投機者」與張牙舞爪、短視近利漸行漸遠，從暗處從容登場，晉升為瀟灑優雅的「投機家」，所言所行隱隱然有禪機，幾乎與哲學家平起平坐。

回首科斯托蘭尼的人生路，矛盾和對立與他形影不離。一九〇六年他出生於匈牙利，雖是猶太裔卻也是受洗的天主教徒。父親是工業家，家境富裕；十三歲時，科斯托蘭尼隨家人移居維也納，在家庭和外在環境耳濡目染下，深深著迷於歐洲多種貨幣的各種變化，進而利用不同貨幣價差投資獲利，自此上癮八十年沒有停歇，第一次外匯投資的獲利是一〇%。

科斯托蘭尼在布達佩斯的大學修習哲學、藝術史，也經由學校、家庭教師和廣播，學會純正的德、法、英語，修習哲學和藝術史，立志要當散文作家；另一方面則沉迷音樂，與多位著名音樂家維持終生友誼。直至暮年，科斯托蘭尼依然無法忘情地宣稱：「音樂如宗教一般撼動我的靈魂。」

事實上，科斯托蘭尼也修了經濟學且取得畢業證書，但他視之為廢紙、藏在抽屜內，成名後絕少提及。一九二四年應父親要求負笈巴黎，在一位父執門下當見習生，學習股票營生。他的目標是當上股票經紀人，從此與證券交易所結下不解之緣。

身處花都、始終嚮往記者生涯的科斯托蘭尼，在一九二九年以「靈敏的鼻子」嗅出股市處於高點，在市場中獨採放空操作，趁股市大崩盤的頹勢賺進第一筆財富。

到了第二次世界大戰前，科斯托蘭尼因為交友廣闊、嗅覺敏銳，在希特勒逼近巴黎前變賣家產逃往美國，所有家眷也在安排下逃過迫害，散居歐陸各地安度餘生。科斯托蘭尼在充滿錢味的美國，進行所謂的「環球旅遊型」套利投資工作，利用不同價差、時間差、幣值差，在各種金融產品之間轉換買賣。

一九四六年，科斯托蘭尼剛從美國轉往義大利米蘭，決定放棄因市場需求大而股價日益攀升的紡織股，他推測人們荷包漸豐之後，應該會注重比較奢侈的享受，所以大膽買進一支瀕臨歇業的汽車股，結果不消數月就讓他賺了十倍。

另一方面，二戰中戰敗的德國一點外匯也沒有，但他看準一旦情勢逆轉，德國將再度恢復償還能力，因此毅然買下德國以美元、法郎等發行的債券。一九四七年，他在巴黎交易所以兩百五十法郎買進面值一千法郎的公債，根據一九五二到一九五三年倫敦債務協議，三年後他收到三萬五千法郎；這是他交易所生涯中最漂亮的一仗。

投資哲學一：以人與狗比喻經濟和股市

一九五〇年以後在巴黎停留時期，是科斯托蘭尼建立人生觀、金錢觀的關鍵時刻。他擔任經紀人、交易員，也開始放空投機，立志成為百萬富翁。他在這個階段闖下名聲，累積驚人財富，換算今日幣值，年收入逼近新台幣千萬元。經歷戰爭和半世紀金融危機，領悟政治和投機、投資永遠脫不了關係，放眼全球市場和標的物，成為大開大闔、以眼光和決斷為工具的大投機家。

另一方面，他又不忘潑人冷水：「如果股市投機者那麼好當，就不會有礦工、伐木工人，以及做其他重活兒的人了，人人都當投機者不就成了？」科斯托蘭尼知道，交易市場是一個逆反人性的世界，「像醉鬼一樣」，一般世俗的看法放到投資這行業都必須「反著看」。對於市場，科老有一個有名的比喻：男子帶狗在街上散步，像所有狗一樣，這狗先跑到前面，再回到主人身邊。男子優閒地走了一公里，而狗跑來跑去，走了四公里。男子就是經濟，狗則是證券市場。長遠來看，經濟和證券市場發展的趨勢相同，但在過程中，卻有可能走完全相反的方向！

因此，在他眼裡，想要用科學方法預測股市行情或未來走勢的人，不是江湖騙子，就是傻瓜，要不然就是兼具這兩種身分的人。而對於技術操作，他也批評：「熱中圖表分析的分析師，都屬於著了魔的人，在我看來，閱讀圖表是一種科學方法，卻無法帶來知識。」

曾身為交易員，科斯托蘭尼不諱言：「所有的經紀人和銀行的投資顧問，都處在和客戶的利益衝突中，他們只有在成交時才能賺錢，這點對客戶而言相當不利，」因此，「我去餐廳吃飯，從不點侍者推薦的菜，因為他只想把這個菜賣出去。九〇%的證券投資建議和推薦也是如此。」

投資哲學二：人心和資金決定漲或跌

那麼投資人到底該依據什麼判斷行情，科老說，身為投資人必須用腦思考，還要懂得和電腦及發神經的股票族保持距離。「最準確的內線消息，在某些情況下肯定是壞事。」但如果出現根本性變化，例如戰爭、重大的政治、經濟或金融決策、政府輪替等無法預料的事，迫不得已還是必須放棄昨日還非常喜歡的股票。

面對詭譎多變的市場，他用「極簡」的態度處理最複雜的事務。他認為，決定所有交易市場價格起伏的只有兩個變數：一是人心、二是資金，是這兩個變數交替作用，決定了市場的起落。所有市場，不論交易標的為何，股票也好、債券也罷，甚至是原物料、貴金屬，最後決定買賣的主體都是「人」，「人」才是決定價格的最重要因素。「對我而言，技術狀態只和一個問題有關：股票掌握在什麼人手裡？」

投資哲學三：固執型 vs. 猶豫型投資人

科老說，投資者分成兩類：固執的人（投機者和投資者）和猶豫的人（證券玩家）。長期來看，只有固執的人才是證券市場中的勝利者，他們的獲利是由猶豫者所支付的。投資要成功，就必須當個固執的投資人，有勇氣在眾人搶股票時賣股票。當大家都不要股票時，大膽買進；當眾人搶購時，從容賣出，逆著人類一窩蜂的心理，在「在砲聲隆隆中買進，在琴聲悠揚中賣出」，才能摸懂市場起落的道理。

「固執的投資者須具備四種要素：金錢、想法、耐心，還有運氣。」而當問起一個優秀的投機家需要具備哪些特質時，科老的回答是：敏銳的洞察力、直覺和怪念頭。敏銳的洞察力指的是了解事情的關聯，並且從不合邏輯的紛亂中理出邏輯；直覺也是長年在交易市場取得的經驗和生活經驗；而怪念頭可以使人把一件事和所有可能的事情放在一起考量，包括好事和壞事。

此外，也必須具備自我控制力和靈活性，以便坦承我們弄錯了。另外，優秀的投機者在想法成真之前，又必須耐性十足，心臟很強，仔細思量每一次的成功與失敗，對這些事件的結果心懷感激。當他獲致成功，絕不可乘勝追擊，反而要謙卑低調。千萬不可吹噓自己的成就，因為正如許多長年進出市場的人所堅稱：從市場賺來的錢只是借來的，下一次就得付出高昂的利息償還。市場就像放高利貸的人，投機者無論成功或失敗，都必須從中學到東西。

那投機客最差勁的特質又是什麼？答案是：頑固、冥頑不靈。但當發覺自己犯了錯，就必須當機立斷，然後跳船。「進出市場的人和醫師一樣，首要之務是診斷。市場為什麼下跌或上漲？一旦發現走錯了方向，就必須修正行動。」這一如醫學被形容為治療的藝術。科老指的並非一百元買進跌到九十元的那種錯誤，而是「在論述的結構中發現錯誤，或者注意到有一個戲劇性、出乎意料的事件出現了，所以優秀的投機家要將無法估計的東西納入考量」。而科老建議投資人：應該反週期操作，不考慮股市大眾的想法。

投資哲學四：大小浴缸間的資金流動

科斯托蘭尼認為，公司體質好壞，不是決定下跌或上漲的最重要理由，所有市場的漲跌都是由需求或供給的強度來決定：需求大於供給，市場就上漲，反之就下跌。所以，想要投資股市，必須分析供給或需求。

做投資決策時，科老通常先看流動資金水位，短時間內的流動資金可以透過觀察央行的決策、大型銀行貸款策略的走向，找到資金流向的線索。他以自己熱愛的音樂來比喻，股市就像匈牙利的吉普賽街頭藝人一樣，不斷重複：「沒有錢，就沒音樂！」金錢就是股市的音樂或燃料。

想像有一個大浴缸和一個小浴缸並排陳列，大浴缸代表整體經濟成長產生的資金，小浴缸則為注入到股市的資金。經濟成長會帶來存款增加、外匯流入、貿易收入增加，以及外國資金流入，代表資金供給面的水大量流入大浴缸中。若此時私部門及公部門投資減低，資金需求面相對減緩，整體資金進入大於流出，大浴缸內的水平面會上升。當水溢出來時，就流到小浴缸，也就是股市，然後把行情往上拉；一旦反過來：水注入大浴缸裡的流速比流出掉得慢，就沒有水留給股市這個小浴缸，行情於是下跌。所以，應該密切注意大浴缸的水位。

從投資的角度來看，猶豫的投資人雖然希望以較高的價格出售股票，但如果缺乏更多的人跟進，股票價格就會下跌，賣不到好價錢，他們只好降價求售；接著，一個新的、慢半拍的買家階層就可能登場，尤其是政府受發行鈔票銀行的協助，透過不同管道（稅負及其他政策），資金持續注入經濟活動中，金額超過工業和經濟發展所需，資金就會有更多水從大浴缸溢出，流入小浴缸中。

如果成交量持續增加，價格仍舊下跌，猶豫的投資人就會以低價全部出清手中持股，股票從猶豫投資人的手上再度轉回固執投資人手中，再次抵達固執投資人的保險庫，直到日後市場價格上揚為止，然後向上運動重新開始。

行情低迷時，固執投資人持有有價證券，猶豫投資人則握有金錢；繁榮興盛到達頂點時，固執投資人有錢，而猶豫投資人有有價證券。現金與有價證券之間的擺來盪去，就是股市永恆的循環。

反對炒短線，鼓吹「安眠藥理論」

他苦口婆心提醒想在股市一圓發財夢的人，他所投資的股票中有四九%賠錢，所以，他住得起華屋，品嘗美酒美食的同時，尚有餘力蒐藏骨董及珠寶等。他所依靠的僅僅是那賺錢的五一%，而鑑別其間的區別，須具備三項特質：敏銳的洞察力、直覺、怪念頭。

他反對盲從，也反對炒短線，追高殺低、賺取微薄價差之輩與賭徒無異，他將之歸類為證券玩家。

固執的投資者必備的四個條件：想法、耐性、錢、運氣，致使他：一、不人云亦云；二、不因手上的有價證券跌了或原地踏步而失去耐心；三、他用來投資的錢為他所有，而非借貸；於是，四、若好運道加持，想不賺錢也難。

這四個要件中耐性居首，因為「在交易所裡賺的是痛苦的錢，先有了痛苦，之後才會賺錢」，他用「二乘以二不等於四，二乘以二等於五減一」來為「痛苦的錢」下定義。

另一種安全的方式，是他常常鼓吹的長期投資，亦即詼諧的「安眠藥理論」：買一張股票（績優股或後勢看好的股票），然後去藥房買一堆安眠藥，吃下去，大睡十年，驀然被鬧鐘叫醒，驚喜發覺：哇，賺錢啦！

科斯托蘭尼還有另外一個本事，拜從小生長環境與股市生涯之賜，他能夠靈活運用四種語言。他如此自我描述：每天晚上用匈牙利語向上帝禱告；與銀行家打交道時說英語；用德語授課；和朋友談天說地時，輪到法語上陣。

話鋒一轉，不改插科打諢的科斯托蘭尼眨眨眼睛，故作神祕說：「這四種語言當然也有同時派上用場的時候。」

「什麼特殊時刻呢？」聽者忙問。

「哦，」科斯托蘭尼要笑不笑，答道：「和女士們聊天呀！」

他又在開自己玩笑了，雖然他針對投資和投機所發表的心得語驚四座，頻頻攻占小報版面，然而這輩子他不曾鬧過緋聞，與妻子鶼鰈情深。

話說回來，科斯托蘭尼在「全球化」這個議題被炒熱，並且蔚為只容前進、後無退路的世界潮流之前，就認為證券交易已經跨越了國與國、洲與洲之間的藩籬；換言之，搶先一步全球化了，也難怪他會為自己掌握語文之利器而沾沾自喜。

晚年病體虛弱，仍預言網路泡沫

一九九九年夏天，科斯托蘭尼跌了一跤，骨折迫使他以輪椅代步，行動受限使他意氣消沉。歲月開始和他結算，他在慕尼黑的鄰居早幾年就注意到他氣色大不如從前，而他虛榮心不減，偶爾頑皮地少報兩歲。

與他共同創立慕尼黑資產管理的黑勒來探病，被牢牢固定在輪椅上的科斯托蘭尼看到老友，病容及疲憊一掃而光，有如一股電流通過，剎那間往昔的光彩與稜角重現；他掙扎著想站起來，急切地唱反調，警告茫茫然的大眾，不斷買進小型網路公司股票，只會烘抬那些根本不賺錢企業的股價，他預言：「將有一場浴血戰！」

一九九九年九月科斯托蘭尼因骨折併發症，永遠離開了他心愛的證交所。「我們想念他的機智、精明與親切，而且我們想念，他，這個人。」ＥＣＯＮ出版社的負責人如此道來。

的確，他獨到的見解及特立獨行仍在人世間迴盪，將他大去之前的諍言聽進去的人，避免了網路泡沫化引起的一場股災。

他是有良心的投機家，自己在股市衝鋒陷陣，享受投入風險的樂趣，但他不厭其煩灌輸我們買股票是聰明投資的概念，特別是為退休後的生活而準備。他從不錯過任何高唱「有點兒餘錢的人都應該買績優股、然後長抱」的機會。

科斯托蘭尼曾因衣食無虞隱退兩年，終究耐不住寂寞重出江湖，又在慕尼黑的咖啡館開講，連販夫走卒都競相聽他暢談投資學，也在德國、奧地利等多所大學成為熱門的客座教授。

科斯托蘭尼自己無兒無女，但他是父母投資教育的成功案例，職是之故，他有能力在共產主義進駐匈牙利時，把雙親接到瑞士安享晚年，也因此更關心教育。對於年輕的父母，科斯托蘭尼總是告訴他們：投資小孩的教育是最好、最安全也最高貴的投資！

一生出入全球七十八個交易所，歷經兩次世界大戰、數次股市崩盤和石油危機，二十世紀所有的通膨、緊縮、升值、貶值都深刻記在腦中，科斯托蘭尼用自己的財富告訴世人，只要貫徹幾個簡單的想法，就能在雜音四處的交易市場中找到主旋律，交易所也就能從殺聲震天的賭場變成充滿美妙音樂的樂園，再加上資金、耐心及堅強的心臟，一個散戶或許比專業法人更有機會成為自由支配時間及財富的貴族。

科斯托蘭尼用一則故事解釋自己所擁有的判斷力。年輕時學開車，教練告訴他，再怎麼學，他一輩子也開不好車。科斯托蘭尼非常驚訝問：「為什麼？」教練說：「因為你的眼光總是在引擎蓋上，你應該抬起頭，看著遠方三百公尺的地方。」經此點化，爾後他的開車技術判若兩人。同樣的道理，科斯托蘭尼也奉勸所有經濟學家，抬起頭來看遠方，不要只是喋喋不休、爭論明年的經濟成長率是否相差一個百分點。

然而，精準判斷、每戰皆捷，早年投資致富的風光，卻曾讓科斯托蘭尼發現那是他人生最晦暗的時期，因為「如果所有的親友只要有杯咖啡就滿足了，而你獨自享有更奢侈的魚子醬或香檳酒，這樣並不能帶來幸福」，這是一個投資哲學家的最終領悟。

（本文引自《向12位大師學投資》之〈安德烈・科斯托蘭尼〉篇）

附　錄｜科斯托蘭尼生平大事紀

年份	歲	事件
1906	0	出生於匈牙利布達佩斯
1914	8	第一次世界大戰，學經濟的哥哥教授他黃金、外匯與物資交換理論
1919	13	移居奧地利維也納，學習貨幣套利投資，第一次投資獲利10%
1924	18	父親送他至巴黎學習股市交易，自此展開他投機與套利的一生
1929	23	年底股市上漲至最高點時，獨自看壞市場，放空賺到第一桶金
1932	26	兩年內因錯誤的大筆放空，背負龐大債務，轉任證券營業員，靠佣金為生
1940	34	於第二次世界大戰德國占領法國前，變賣家產逃至美國
1941	35	擔任G. Ballai and Cie財務公司總經理至1950年，也是主要股東
1946	40	看好第二次世界大戰後義大利經濟復甦，以150里拉買進一檔將破產的汽車股，幾個月後股價飆漲到450里拉

年份	歲	事件
1955	49	融資買進美國電腦和電子股，遇到美國總統艾森豪逝世，股票重挫兩成，慘遭追繳保證金
1961	55	出版第一本書《這就是股市》，之後被翻譯成7國語言，自此躋身暢銷作家30餘年
1965	59	為《資本》雜誌撰寫專欄，直至去世為止，歷時35年，共414篇專欄
1967	61	加入黃金投機，購買一萬盎司黃金，4天後卻遇政府頒布黃金禁運令，僅小賺出場
1980	74	強烈批評金本位，認為是造成通貨緊縮的元兇
1987	81	發生黑色星期一全球性股災，當時美國聯準會主席葛林斯班大幅降息提供流動性資金，他判斷危機解除，大量買進股票
1991	85	出版《證券心理學》
1999	93	寫下人生的最後著作《一個投機者的告白》9月因腿部骨折引起併發症辭世

國家圖書館出版品預行編目(CIP)資料

一個投機者的告白之證券心理學 / 安德烈．科斯托蘭尼（André Kostolany）著；林瓊娟譯. -- 四版. -- 臺北市：城邦文化事業股份有限公司商業周刊, 2024.09
面；　公分
譯自：Kostolanys Börsenpsychologie
ISBN 978-626-7492-41-3(平裝)
1.CST: 投資心理學　2.CST: 證券投資
563.5014　　113012039

一個投機者的告白之證券心理學

作者	安德烈・科斯托蘭尼（André Kostolany）
譯者	林瓊娟
商周集團執行長	郭奕伶
商業周刊出版部	
責任編輯	林雲
封面設計	bert
內頁排版	林婕瀅
校對	呂佳真
出版發行	城邦文化事業股份有限公司 - 商業周刊
地址	115台北市南港區昆陽街16號6樓 電話：（02）2505-6789　傳真：（02）2503-6399
讀者服務專線	（02）2510-8888
商周集團網站服務信箱	mailbox@bwnet.com.tw
劃撥帳號	50003033
戶名	英屬蓋曼群島商家庭傳媒股份有限公司城邦分公司
網站	www.businessweekly.com.tw
香港發行所	城邦（香港）出版集團有限公司 香港灣仔駱克道193號東超商業中心1樓 電話：（852）25086231 傳真：（852）25789337 E-mail：hkcite@biznetvigator.com
製版印刷	中原造像股份有限公司
總經銷	聯合發行股份有限公司 電話：（02）2917-8022
初版1刷	2010年12月
修訂版1刷	2014年9月
增修版1刷	2021年8月
四版1刷	2024年9月
定價	台幣380元
ISBN	978-626-7492-41-3（平裝）
EISBN	9786267492338（PDF） 9786267492345（EPUB）

Kostolanys Börsenpsychologie